KIND & HUND

Der Ratgeber für eine harmonische Beziehung

Manuela van Schewick (Text)
Christine Steimer (Fotos)

blv

Inhalt

Kind und Hund – (k)ein Problem? 7
Der Traum vom eigenen Hund 8
Die harte Realität 9

Zur Geschichte des Haushunds 11
So könnte es gewesen sein 12
Es entstehen verschiedene Schläge 14

Lassie oder böser Wolf? 16
Urahn Wolf 16
Das Rudel 19

Und Hunde sprechen doch 21
Kommunikation durch Körpersprache 23
Laute in der Kommunikation der Hunde 27
Signale für die Nase 28

Sicherer Umgang mit Hunden 31
Nutzen wir die Körpersprache! 32
Wie sieht der Hund das Kind? 33
Die Rangordnung 36
Das Kind im Ranggefüge 40
Es bleibt ein Wagnis 42

Problemsituationen im Alltag 45
Ein Baby kommt 45
Baby wird aktiv 47
Und manchmal beißt das Kind 48
Kleinkind und Welpe 49
Der »Jäger« und das Kind 50
Besuch von fremden Kindern 52
Das Territorium 53
Spiel mit Gegenständen 54
Kurze Leine – böse Falle 55
Kind und Hund auf Tour 57

Ein Partner, auf den man sich verlassen kann 61

Wer erzieht? 62

Grundsätzliches zur Erziehung 63

Der Welpe kommt ins Haus 66

Das sollte jeder können! 70

    Das Herankommen 70 · Die Leinenführigkeit 71 · »Sitz!« 72 · »Platz!« 73

Das Apportieren 74

Hilfsmittel für die Erziehung 77

    Leine und Halsband 77 · Die lange Leine 77 · Das Kopfhalfter 78 · Die Pfeife 79

Spiel und Spaß 81

Apportierspiele 83

Verstecken spielen 86

Kleine Kunststücke 86

    Tanzen 86 · Sich verbeugen 86 · Durch den Reifen springen 87 · Über Stangen springen 87 · Wippe 87 · Tunnel 88 · Ball rollen 88 · Slalom 88

Hier lauert Gefahr 88

Gedanken zum Schluss 90

Register 92

Quellen- und Literaturverzeichnis 94

Impressum 95

Kind und Hund – (k)ein Problem?

Immer wieder finden wir sie in den Schlagzeilen der Medien, tragische Unfälle mit Kindern und Hunden. Nicht jeder ist so spektakulär und folgenreich, wie jener im Sommer 2000 in Hamburg, als ein kleiner Junge von zwei Hunden getötet wurde. Die Presse schürte eine Anti-Hunde-Kampagne, die Politiker fühlten sich zum Handeln gedrängt und erließen eine Vielzahl unreflektierter Verordnungen. Ob dadurch auch nur ein Menschenleben gerettet werden kann, ist zu bezweifeln. Bereits im Frühjahr 2002 ereignete sich abermals ein Unfall diesmal mit 2 erst 8 Monate alten Rottweilern, einer war zudem angeleint. Ein 6-jähriger Junge stürzte im Spiel und wurde von den Tieren getötet.

Keine öffentliche Stelle fragt bei solchen Zwischenfällen danach, warum Hunde töten, sondern nur, ob Formalien eingehalten wurden. Niemanden interessiert, ob solche Hunde gut sozialisiert wurden, ob der Mensch für sie Sozialpartner ist, ob sie artgerecht in der Gemeinschaft, möglichst in einer Gemeinschaft mit ihren Menschen, oder isoliert im Zwinger gehalten werden, wie sie erzogen wurden,... Ist es nicht an der Zeit, dass unsere Politiker sich erst kundig machen und ein wenig erfahren über das Verhalten von Hunden, bevor sie Gesetze erlassen, die mehr schaden als helfen?

Unfälle mit Hunden geschehen täglich, und es sind im Normalfall nicht solche, bei denen von verantwortungslosen Hundebesitzern zu Kampfmaschinen umfunktionierte Tiere ausrasten und Unbeteiligte töten. Die alltäglichen Probleme mit dem Hund ergeben sich im eigenen Haushalt, mit wohl bekannten Hunden, und sie entstehen meist deshalb, weil dieses Tier Hund, dem wir so nahe zu sein glauben, uns in seiner Art und seinem Verhalten alles andere als bekannt ist.

Wir leben eben meist nicht mehr so naturnah, dass das Wissen über die Tiere in unserer Umgebung selbstverständlich ist und von Generation zu Generation weitergegeben wird. Wir können unseren Kindern den Gebrauch eines Computers erklären, aber den Umgang mit dem Hund…

Ziel dieses Buches ist es, Ihnen und Ihren Kindern den Hund in seinem Wesen und Verhalten ein wenig näher zu bringen. Hunde stellen eine unglaubliche Bereicherung dar für unser Leben, für das des Erwachsenen und noch mehr für das eines Kindes. Voraussetzung dafür, dass dieses Miteinander sich für alle Beteiligten aber wirklich positiv gestaltet, ist, dass wir einander verstehen. Um das zu erreichen ist es nötig, zurück zu schauen zum Ursprung unseres Haushundes, zum Wolf. Vieles vom Verhalten unserer vierbeinigen Freunde lässt sich leichter verstehen, wenn wir wissen, welche Bedeutung es ursprünglich hatte.

Der Traum vom eigenen Hund

Der Traum vom Hund muss nicht zerplatzen wie eine Seifenblase, wenn man die Sache mit Verstand angeht! (Foto: Labrador Retriever)

»So einen Hund möchte ich auch haben!« Wer hat nicht schon diesen Satz gehört, wenn der Nachwuchs fasziniert vor dem Fernseher sitzt, versunken in das Geschehen um Boomer, Polizeihund Rex oder den Partner mit der kalten Schnauze. Und – Hand aufs Herz und Blick zurück – kennen wir Erwachsenen nicht alle diesen innigen Wunsch? Auch wenn unsere vierbeinigen Stars anders hießen, Lassie oder Rin Tin Tin, die Faszination, die von ihnen ausging, war dieselbe. Zitterten wir nicht genauso mit den Hauptdarstellern, waren wir in unserer Phantasie nicht mitten im Geschehen, ganz nah bei dem so sehnlich gewünschten Hund?

Was aber ist es, das diese Faszination ausmacht? Warum fliegen Kinderherzen diesen vierbeinigen Helden zu? Verkörpern diese Hunde nicht genau das, was ein Kind sich wünscht – den verständnisvollen Begleiter, der immer Zeit hat, immer zum Spiel aufgelegt ist – den starken Partner, der jede Gefahr spürt und sein Leben riskiert um seinen Menschen zu retten – den treuen Freund, der jede Stimmung teilt, der nicht kritisiert und immer zu einem hält?

Die Beziehung Kind–Hund spielt sich auf einer Ebene ab, die so manchem Erwachsenen in unserer hoch technisierten und von rationalen Überlegungen bestimmten Welt verloren gegangen ist. Es ist eine Welt voller Emotionen, Träume und Spontaneität. Die »ehrliche« und unreflektierte Reaktion auf das Gegenüber ist beiden ebenso gemeinsam, wie die Fähigkeit, den Augenblick zu genießen und dabei die Zeit verstreichen zu lassen.

Warum brauchen Kinder Tiere? Der Sozialpsychologe Prof. Dr. Reinhold Bergler beschäftigte sich sehr intensiv mit diesem Thema. Durch wissenschaftliche Untersuchungen belegt er, dass der Umgang mit Tieren, insbesondere Hunden, die Entwicklung von Kindern und Jugendlichen im emotionalen, sozialen und kognitiven Bereich äußerst positiv beeinflusst. Er kommt sogar zu dem Schluss, dass Kindern, die ohne Erlebnisse mit Tieren aufwachsen, existenzielle Erfahrungen fehlen.

Die harte Realität

Kind und Hund – in der Theorie also das ideale Team, und in der Wirklichkeit? Der Alltag ist leider oft weit entfernt von dem, was für beide ideal wäre. Nicht selten wird dann der Traum vom Hund zum Albtraum.

Da ist er nun endlich, der Schäferhund, der so sein sollte wie Rex, der Bernhardiner, der zwar »Beethoven« heißt, aber sich gar nicht so benehmen will, oder der Dalmatiner, der die Liebenswürdigkeit von Walt Disneys Trickfilmhelden vermissen lässt. Was hier passiert, erinnert an einen Film, in dem jemand das Geschehen ein und desselben Tages immer wieder erlebt: Verständnisvolle Eltern lassen sich überreden, den Traumhund endlich zu kaufen, schauen spontan in die Zeitung und greifen auch gleich zu, weil der Welpe, den man sich dann ansieht, ja so niedlich ist. Wichtige Informationen über die Rasse, insbesondere deren zu erwartendes Wesen und die Anforderungen an das Umfeld, über die Entwicklung von Welpen, die Bedeutung der ersten Lebenswochen, Grundlegendes über das Verhalten von Hunden und wie man mit ihnen umgeht, werden leider oft erst viel später eingeholt, manchmal erst, wenn ernste Probleme auftreten.

Nicht selten ist das Verhältnis Kind – Hund bis dahin so belastet, dass der Nachwuchs eigentlich lieber auf Meerschweinchen umsteigen würde. Nun über das unstete Kind oder den missratenen Hund zu schimpfen, wäre ungerecht, denn

Walt Disney's zauberhafter Film trug dazu bei, dass auch der Dalmatiner zum Modehund wurde. Doch Vorsicht: Der Hund im Film ist meist eine Märchenfigur, die mit der Realität wenig zu tun hat! Informieren Sie sich gut über Ihren neuen Partner, bevor Sie den Bund für's Hundeleben eingehen!

Wie gerne würde dieser Golden Retriever mitspielen! Es ist schade, wenn der Hund lästig wird, weil die Kinder mit der Betreuung überfordert sind!

haupt mit einem Hund tun will, was ich von ihm erwarte, welche Eigenschaften er haben soll, ob ich seinen Bedürfnissen gerecht werden kann. Dass die Bedürfnisse von Kindern und Hunden dabei nicht immer deckungsgleich sind, sollte auch nicht vergessen werden; der Hund kann beispielsweise schlecht mit ins Schwimmbad gehen. Hier darf die Rationalität des Erwachsenen sich ungehindert austoben!

Die Verantwortung für alles, was den Hund betrifft, liegt letztlich immer beim Erwachsenen! Mag Ihr Kind noch so vernünftig und zuverlässig sein – erwarten Sie, dass es einen Hund völlig selbstständig versorgt oder gar erzieht, überfordern sie es hoffnungslos, denn diese Aufgabe ist zu komplex und erbarmungslos gegenwärtig! Kinder können, je nach Alter, Aufgaben übernehmen bei der Betreuung des Vierbeiners und in Teilbereichen Verantwortung übertragen bekommen. Die Anleitung und Hilfe durch den Erwachsenen ist jedoch entscheidend für das Gelingen der Kind-Hund-Beziehung. Da diese Hilfestellung nur geben kann, wer selbst das Verhalten des Tieres versteht, wird im Folgenden zunächst einmal auf das Wesen und Verhalten des Hundes eingegangen, bevor Rückschlüsse auf die Kommunikation mit dem Menschen, insbesondere mit dem Kind, gezogen werden.

nur der Erwachsene kann wirklich die Belange beider im Auge behalten. Dies allerdings ist ihm nur möglich, wenn er sich selbst informiert hat, wenn er weiß, was für ein Tier er sich da ins Haus holt, welche Verhaltensweisen es zeigt und wie man ihm begegnet.

Die Anschaffung eines Hundes verantwortungsbewusst zu planen bedeutet, sich darüber klar zu werden, wie der Alltag mit einem Hund konkret aussehen soll. Räumliche, zeitliche und finanzielle Überlegungen spielen hierbei ebenso eine Rolle, wie die Frage, was ich über-

Zur Geschichte des Haushunds

Gehen wir nun ein wenig zurück, zu dem, was der Hund einmal war, um zu begreifen, was er heute ist. Die Wissenschaftler sind sich ziemlich einig: Ob Dackel oder Dogge, Chihuahua oder Neufundländer, alle unsere Haushunde haben denselben Urahn: den Wolf. Die gemeinsame Geschichte von Mensch und Hund beziehungsweise Wolf ist sehr alt! Es gibt Darstellungen von Menschen und Wölfen oder auch schon sehr unterschiedlich aussehenden Hunden, in Höhlen oder Pyramiden, die viele tausend Jahre alt sind. Archäologen stießen auf Gräber, in denen Menschen mit ihren vierbeinigen Begleitern beigesetzt wurden. Der zur Zeit älteste Fund wurde in der Nähe von Bonn ausgegraben und ist etwa 14 000 Jahre alt. Hier wurden ein Mann, eine Frau und ein Hund gefunden. Wie mag es zu dieser Verbindung Mensch – Wolf gekommen sein? Müsste man nicht eigentlich annehmen, dass die Menschen damals Angst hatten vor Wölfen? Immerhin sind es Raubtiere, die bei gemeinschaftlicher Jagd durchaus Beute von der Größe eines Elches töten können! Hinzu kommt, dass Mensch und Wolf eigentlich »Fressfeinde« sind, handelt es sich doch um dieselben Tiere, die von ihnen gejagt und verzehrt werden.

Welten scheinen zwischen den verschiedenen Rassen zu liegen (hier Deutsche Dogge und Dackel), und doch haben sie etwas Wesentliches Gemeinsam: Das wölfische Erbe!

Schauen wir genauer hin, finden wir aber durchaus einige Punkte, die diese Annäherung möglich machten, und sogar Gemeinsamkeiten, die nicht nur damals von großer Bedeutung waren! Der wichtigste Punkt ist wohl die Tatsache, dass beide, Wölfe und Menschen, im Normalfall nicht als Einzelgänger, sondern in sozialen Gemeinschaften leben. Hier wird z. B. der Nachwuchs gemeinsam aufgezogen, Nahrung wird gemeinsam beschafft, es gibt Formen der Kommunikation, die nötig sind, um das gemeinsame Leben zu regeln.

So könnte es gewesen sein

Menschen und Wölfe waren wohl die verbreitetsten »Raubtiere« auf unserer Erde und fast überall anzutreffen, das heißt, sie werden wohl auch fast überall aufeinander getroffen sein. So wird es sehr wahrscheinlich nicht den **einen** Wolf gegeben haben, der, von Menschen aufgezogen, der Urvater aller Hunde wurde. Vermutlich wird es an vielen Orten, wo Menschen und Wölfe lebten, eine langsame Annäherung gegeben haben. Viele Wissenschaftler haben sich mit diesem Thema beschäftigt. Einige, wie der Verhaltensforscher Dr. Erik Zimen, beobachteten beispielsweise sehr ursprünglich lebende Völker

Jahrtausende gemeinsamer Entwicklungsgeschichte liegen hinter Menschen und Hunden. Sollte es da nicht möglich sein, dass wir uns auch heute noch verstehen?

und ihre Hunde, um aus dem Verhältnis dieser Menschen und ihrer Hunde eventuelle Rückschlüsse ziehen zu können, wie denn der Mensch auf den Hund kam und wie das frühe Zusammenleben ausgesehen haben könnte.

So könnte es z. B. so gewesen sein, dass es für die Wölfe eine recht angenehme Art der Nahrungsbeschaffung war, wenn sie sich in der Nähe der Menschensiedlungen aufhielten und dort deren Abfälle verzehrten. Den Menschen wird dies auch nicht unangenehm gewesen sein, wurde auf diese Art doch stinkender Unrat beseitigt und das Lager sauber gehalten. Bei manchem afrikanischen Volk beobachtete Dr. Erik Zimen beispielsweise, dass die Hunde nicht nur Essensabfälle vertilgen, sondern auch das »große Geschäft« der Kleinkinder zuverlässig beseitigen und somit den engsten Heimbezirk sauber halten.

Ein weiterer Vorteil aus der Nähe der Wölfe, die der Mensch wohl bald zu schätzen lernte, war deren Funktion als hoch sensible Alarmanlage. Geschah etwas Ungewöhnliches in der Umgebung, reagierten die Wölfe mit Unruhe, und die Menschen hatten so die Möglichkeit, Gefahren durch große Raubtiere oder feindlich gesinnte Menschen wesentlich früher zu bemerken, als es ihnen allein möglich gewesen wäre.

Gelegentlich wird es vorgekommen sein, dass Menschen auf Wolfswelpen stießen. Vielleicht waren diese

sogar verwaist, weil ihre Mutter getötet wurde. Nun hat die Natur ja so ihre Tricks. Sie lässt z. B. kleine Tiere und kleine Menschen so aussehen, dass zumindest der Mensch und auch so manches Tier, sie sofort als jung und schutzwürdig identifiziert und häufig sogar das Bedürfnis erwacht, sich um sie zu kümmern. Gehen wir also getrost davon aus, dass auf diese Weise der eine oder andere Wolfswelpe an vielen Orten dieser Erde mit in die menschlichen Siedlungen kam. Die Frauen, denen die listige Natur ja noch etwas mehr Pflegetrieb mitgegeben hat, werden sich sicher dieser Wolfsbabys angenommen, sie vielleicht sogar an ihrer Brust genährt haben. Die Kinder der Steinzeit waren bestimmt ebenso begeistert von solchen Spielkameraden wie die des Computerzeitalters und es begann eine Geschichte, die noch lange nicht zu Ende ist.

Warum konnte sich aber dieser wilde und scheue Wolf den Menschen überhaupt anschließen? Hier kommt etwas zum Tragen, was damals wie heute eine entscheidende Bedeutung hat, leider aber oft übersehen wird bei der Anschaffung eines Hundes: In der Entwicklung von Wölfen und Hunden haben die ersten 16 Lebenswochen für das soziale Lernen eine elementare Bedeutung, wobei den ersten 7–8 Wochen noch ein besonderes Gewicht zufällt. In dieser Zeit lernt ein kleiner Wolf oder Hund nämlich, welche Lebewesen zu seinem sozia-

len Umfeld gehören oder nicht. Hat er also in dieser Zeit viel Kontakt mit Menschen, so ist es für ihn selbstverständlich, in der Gemeinschaft mit Menschen zu leben. Taucht der Mensch aber gar nicht oder nur vereinzelt auf in dieser wichtigen Entwicklungsphase, ist er sozusagen nicht einprogrammiert als möglicher Sozialpartner. Ein vertrauensvolles Verhältnis zum Menschen wird später kaum möglich sein.

Unsere kleinen Wölfe aber haben damals gelernt, mit dem Menschen zu leben. Einige von ihnen haben sich irgendwann sicher wieder zu ihresgleichen zurückgezogen, andere aber schlossen sich den Menschen immer mehr an, wurden immer vertrauter.

Diese zahmen Wölfe vermehrten sich in den Siedlungen der Menschen und unsere Vorfahren werden

Der Kuvasc besticht durch seine Schönheit. Doch weißes weiches Fell und kuscheliges Aussehen dürfen nicht zu unbedachtem Hundekauf führen! Wer einen Herdenschutzhund haben möchte, muss sich auch bewusst für sein Wesen entscheiden!

eine harte Auswahl getroffen haben, welche Tiere sie in ihrer Nähe duldeten.

Es entstehen verschiedene Schläge

Auch damals schon lebten Menschen in landschaftlich und klimatisch sehr unterschiedlichen Zonen unserer Erde. Der Kampf ums Überleben war in eher kalten Klimazonen ein anderer als in der Nähe des Äquators, und so musste jeder seiner Umwelt angepasste Überlebensstrategien entwickeln. Jagd, Viehzucht, Ackerbau, alles entwickelte sich langsam und in sehr unterschiedlicher Weise. Auch der

Hütehunde sind im Allgemeinen lebhafte und sensible Hunde, die unbedingt viel Beschäftigung brauchen. Hier ein Border Collie bei der Arbeit.

Hauswolf, der sich dem Menschen angeschlossen hatte, entwickelte sich genau in sein Lebensumfeld hinein. Er blieb als Beschützer und Spielgefährte bei den Frauen und Kindern, wenn die Männer auf Jagd oder Kriegszügen waren, der eine oder andere begleitete auch die Männer zur Jagd und andere gingen mit, um das Vieh zu hüten. Es gab keinen Plan, wie der vierbeinige Weggenosse sich entwickeln oder gar aussehen sollte. Der Mensch lernte aber, bestimmte Eigenschaften, die seine Hauswölfe hatten, zu schätzen und zu nutzen. Jene Vierbeiner, die unbrauchbares oder gar gefährliches Verhalten zeigten, wurden verjagt oder getötet, man behielt gezielt diejenigen, die für den Alltag und die Gemeinschaft nützlich waren.

Brauchte man den Hauswolf für unterschiedliche Aufgaben, so musste er natürlich auch unterschiedliche Fähigkeiten und Eigenschaften haben. Verschiedene Einsatz- und Lebensbereiche stellten auch an Körperbau und Leistungsfähigkeit besondere Ansprüche. Der vierbeinige Helfer, der in der Viehherde liegen und sie bewachen sollte, brauchte ein anderes Temperament als der hochbeinige schnelle Gefährte des Jägers, der das Wild hetzen musste, oder der niedliche kleine Spielgefährte der Kinder, der zur Belustigung und zum Kuscheln da zu sein hatte.

Das Raubtier Wolf entwickelte sich immer mehr zum spezialisierten

Mancher Hund leistet im Verborgenen wertvolle Dienste. Allein seine Nähe und vorbehaltlose Zuwendung kann die Lebensqualität vieler Menschen verbessern! (Foto: Labrador Retriever)

Helfer seiner Menschen. Der Mensch lernte, bewusst die Entwicklung dieser Helfer zu steuern, indem er bevorzugt jene Tiere sich vermehren ließ, die besondere Fähigkeiten, besondere Wesensmerkmale oder auch ein ganz bestimmtes Aussehen hatten. Im Verhältnis zu der langen Geschichte zwischen Mensch und Hund, nimmt die Zucht von Rassehunden, wie wir sie heute kennen, nur einen ganz kurzen Zeitraum ein. Der Mensch hat es geschafft, Hunde zu züchten, die in absoluter Perfektion Spezialaufgaben wahrnehmen, denken wir an die Spezialisten für manch jagdliche Aufgabe, an den Blindenführhund, an Hunde, die ihren Besitzer vor dem nahenden epileptischen Anfall warnen können, an Sprengstoff- oder Rauschgiftspürhunde. In einigen Fällen haben Menschen ihre Macht über das Tier aber auch übelst missbraucht, indem sie bewusst Hunde züchteten und züchten, die sich auf Grund körperlicher Mängel durchs Leben quälen, die so ängstlich sind, dass sie kaum Freude am Leben in unserer hektischen und lauten Umgebung haben können, oder solche, die durch sinnlos gesteigerte Aggressionsbereitschaft Menschen und andere Tiere gefährden.

Hund ist nicht gleich Hund, es gibt verschiedene Schläge, sehr viele verschiedene Rassen und noch viel mehr Individuen! Wer also sein Leben mit einem Vierbeiner teilen möchte, sollte sich im Vorfeld bereits sehr gut informieren und überlegen, welcher Hund denn für ihn der geeignete sein könnte und welchem er, seinen Anlagen entsprechend, ein artgerechtes und schönes Hundeleben über viele Jahre bieten könnte.

Lassie oder böser Wolf?

»Es war einmal…«, so beginnen alle Märchen, und die Story vom bösen Wolf ist ebenso eines wie die von Lassie, Rex oder Rin Tin Tin. Den Wolf, der eine ständige Bedrohung für den Menschen darstellte, für den der Mensch ebenso auf dem Speiseplan stand wie Hase und Reh, den gab es nie. Wölfe sind eher vorsichtige und scheue Tiere, die die Nähe des Menschen nach Möglichkeit meiden. Sicher werden ausgehungerte Wölfe auch Menschen getötet haben; was die Menschen aber sicher mehr beunruhigte, war und ist auch heute noch die Tatsache, dass sie sich gelegentlich bei den Viehherden bedienen, allerdings meist in geringem Maß. Ebenso wenig, wie den Wolf, der im Wald auf kleine Mädchen mit roten

Der Überlebenskampf des Wolfes ist heute härter denn je! Nicht nur die Lebensräume sind knapp, auch die Toleranz des Menschen ihm gegenüber lässt zu wünschen übrig!

Kappen wartet, gibt es jenen Überhund, der stets alles im Blick hat, jede Gefahr ahnt und zu verhindern vermag, jedes Wort seines Menschen versteht und sogar darüber nachdenken kann, ob das Vorhaben seines Chefs denn richtig ist. Hunde sind keine selbstlosen Helden, die theoretische und moralische Überlegungen anstellen können. Sie sind Opportunisten, die genau das tun, was im Moment für sie gut zu sein scheint! Das heißt nicht, dass sie nicht eine sehr enge Bindung an ihre Menschen haben können, dass sie nicht gerne mit ihnen zusammen arbeiten, dass sie nicht Gefahren erkennen und ihre Menschen, ihr Rudel, beschützen können. Sie werden nur sicher nie denken und handeln wie ein Mensch!

Urahn Wolf

Hunde sind keine Wölfe. Viele Eigenschaften des Wolfes sind im Laufe der Domestikation, in der jahrtausendelangen Entwicklung zum heutigen Haushund, verlorengegangen, andere Eigenschaften haben sich entwickelt, die das Zusammenleben zwischen Mensch und Hund für beide erst möglich machen. Wölfe sind Raubtiere, und Raubtiere können nur leben, wenn sie regelmäßig Beutetiere töten um sie

zu verspeisen. Nun kommt die Beute nicht zum Wolf und bittet, gefressen zu werden. Nein, der Wolf muss schon etwas dafür tun! Er muss nämlich umherziehen und mit Hilfe seines genialen Geruchssinns, seiner Augen und seines hochfeinen Gehörs Beute aufspüren, um sie dann zu verfolgen, zu packen und zu töten. Da der Wolf kein Einzelgänger ist, sondern in der Gemeinschaft mit anderen Wölfen lebt und auch in der Gemeinschaft jagt, ist er durchaus in der Lage, Tiere zu töten, die wesentlich größer sind als er, z. B. Elche oder Hirsche. Mäuse und andere kleine Nager verachtet er als bereichernde Abwechslung für seinen Speiseplan ebenso wenig wie gelegentlich Früchte und Beeren, ausschließlich davon ernähren könnte er sich jedoch nicht.

Der »böse« Wolf, der das »arme« Reh tötet, hat durchaus eine wichtige Funktion in der Natur! Kein Wolf wird unnötige Anstrengung auf sich nehmen, um seine Beute zu erlegen. Das jagende Rudel sucht sich aus der erspähten Gruppe von Beutetieren häufig jenes Tier heraus, das in irgendeiner Weise Schwäche zeigt. Dieses Tier wird dann gezielt von allen gejagt. Das heißt, Raubtiere töten gezielt schwächere Beutetiere. Wer gesund, stark, schnell und erfahren ist, hat eine größere Chance zu entkommen und am Leben zu bleiben, und nur wer lebt, kann sich auch vermehren und seine guten Erbanlagen weitergeben.

Ein Raubtier, welches eine Beute jagt, hat keine Wahl anders zu handeln. Es setzt kein Denkprozess ein, beim Anblick des Beutetieres, der zu einer bewussten Entscheidung führt, sondern es beginnt ein starrer Ablauf festgelegter Verhaltensweisen. Der hungrige Wolf, der den Hirsch sieht, verspürt einen Zwang, sich anzupirschen, ihn zu hetzen, zu packen und letztlich zu töten und zu fressen. Die Natur lässt ihm keine Wahl in seinem Verhalten; er muss auf einen bestimmten Reiz, in diesem Fall das potenzielle Beutetier, in einer bestimmten Art und Weise reagieren.

Die nahezu perfekte Gemeinschaftsjagd des Wolfes beherrschen unsere Haushunde im Allgemeinen nicht mehr, was nicht heißt, dass sie grundsätzlich nicht mehr in der Lage wären zu hetzen und zu töten. Viele Rassen sind sogar hoch spezialisiert auf Teilbereiche der Jagd; andere allerdings besitzen nur noch wenig jagdliche Neigungen.

Natürlich ist es nicht die Aufgabe des normalen Familienhundes, Rehe oder Kaninchen zu hetzen und zu töten. Warum aber tun sie es gelegentlich? Die Antwort ist einfach: Es ist der Reiz, der von der sich bewegenden Beute ausgeht, der viele Hunde zwingt, genau wie Urgroßvater Wolf, diese potenzielle Beute zu verfolgen. Der Hund, der seine Bedürfnisse in diesem Bereich nicht

Beute aufzuspüren, zu verfolgen und zu töten gehört zu den Urinstinkten des Wolfes, ohne die er nicht überleben könnte.

duzierter Form zeigen. Der Hund ist also von seiner biologischen Einordnung her ein Raubtier. Das Nachstellen und Töten einer Beute ist natürliches Verhalten und wichtig für das Überleben. Es besteht aus zwangsläufig aufeinander folgenden Handlungen.

- Der Reiz, der Beutefangverhalten auslöst, muss nicht nur von Wild ausgehen. Fliegende Blätter im Wind, Jogger, Fahrradfahrer, rennende Kinder oder zu Boden gestürzte Kinder können solches Verhalten auslösen.
- Es gibt Hunde, die auf Grund von züchterischer Selektion kaum noch Jagdverhalten zeigen, andere haben sehr ausgeprägte Eigenschaften, die dem jagdlichen Verhalten zuzuordnen sind, z.T. diesbezüglich auch eine sehr hohe Aggressionsbereitschaft.
- Das potenzielle Beutetier, welches Schwäche zeigt, wird bevorzugt gejagt. Bei Hunden mit extrem hoher jagdlicher Motivation, die nicht gut auf den Menschen sozialisiert sind, kann es passieren, dass sie auch den Menschen, der Schwäche zeigt, als Beute ansehen. Dabei kann es sich beispielsweise um kleinere Kinder, ältere Menschen oder auch einen zu Boden gestürzten Menschen handeln.
- Da Beute lebenswichtig ist, wird sie auch verteidigt. Diese Verteidigungsbereitschaft bezieht sich nicht nur auf Futter, sondern gegebenenfalls auch auf Spielzeug,

Ein bisschen Wolf steckt drin…

ausleben kann, der nicht vernünftig bewegt und beschäftigt wird und sich dadurch in einem Triebstau befindet, verfolgt gegebenenfalls alles, was sich bewegt, im Extremfall sogar Schatten.

Wer schon einmal mit einem Hund gearbeitet hat, der gerne Spielzeug apportiert, wird sicher wissen, wie schwer es ist, ihm beizubringen, sitzen zu bleiben und abzuwarten, bis er auf Kommando sein Bällchen holen darf. Hält es ihn aber schon bei der Ersatzbeute Ball kaum auf dem Hinterteil, wie viel größer ist dann erst der Reiz, der von einer lebenden Beute ausgeht?!

Bedeutung für unseren Alltag

- Hunde stammen vom Wolf ab. Ihr Verhalten hat seinen Ursprung im Verhalten der Wölfe, auch wenn sie es z.T. in veränderter oder re-

dem Menschen gestohlene Kleidung usw.

- Verhaltensweisen sind durch Prägung in den sensiblen Entwicklungsphasen und durch Erziehung beeinflussbar. Jagdlich hoch motivierte Hunde können häufig auch mit dem Angebot von Ersatzbeute (Bälle, Dummy oder Ähnliches) zufriedengestellt werden und so kontrolliert ihre Bedürfnisse ausleben.

Das Rudel

Ururgroßvater Wolf lebt im Rudel, im Prinzip in einer Art Großfamilie, aus der gelegentlich Mitglieder fortziehen, der sich manchmal aber auch neue Mitglieder (fremde Wölfe) anschließen können. In dieser Gemeinschaft gelten Regeln, die ein unkompliziertes Miteinander möglich machen. Sie dienen dem Schutz des einzelnen Tieres und damit letztlich dem Fortbestand der Art.

Es gibt im Wolfsrudel eine klare Rangordnung, in der ranghohe Tiere besondere Privilegien gegenüber rangniederen Tieren genießen. Die ranghöchste Position im Rudel haben der Leit-Wolf und die Leit-Wölfin. Das müssen nicht unbedingt die körperlich stärksten Tiere sein, wichtiger ist ihr souveränes und sicheres Auftreten, wodurch sie ihren Artgenossen gegenüber Stärke demonstrieren. Sie haben es auch nicht nötig, kleinlich auf ihren

Rechten zu bestehen, sie können es sich vielmehr leisten, alles zu ignorieren und zu tolerieren, was sie im Moment nicht weiter stört. Entscheidende Aktionen gehen im Allgemeinen von ranghohen Tieren aus.

In der Regel haben nur die beiden ranghöchsten Tiere Nachwuchs, die rangniederen Wölfe haben also nicht das Recht, sich fortzupflanzen. Alle Rudelmitglieder beteiligen sich mehr oder weniger an der Aufzucht und »Erziehung« der Welpen. Einige unterstützen die Mutter als eine Art Kindermädchen sogar sehr intensiv.

Das Privileg, zuerst Futter aufzunehmen, steht im Prinzip ebenfalls den Ranghohen zu, auch wenn sie nicht immer davon Gebrauch machen, beispielsweise weil reichlich

Menschen bilden heute meist das Ersatzrudel für unsere Haushunde.

Futter vorhanden ist oder weil nach erfolgreicher Jagd alle Beteiligten möglichst schnell möglichst viel fressen.

Gejagt wird, jedenfalls bei größeren Aktionen, in der Gemeinschaft. Die geniale Aufgabenteilung und die feine Abstimmung der Rudelmitglieder in ihrem Handeln, ermöglichen Jagderfolge, die das Rudel am Leben halten.

Wölfe leben im Prinzip territorial. Das heißt, sie halten sich meist an bestimmten Plätzen auf, die als enger Heimbezirk gelten und unternehmen von hier aus Ausflüge zwecks Nahrungsbeschaffung. Treffen sie auf Eindringlinge, werden diese vertrieben, notfalls getötet. Diese Aggression ist wichtig um das Rudel, sprich die eigenen genetischen Veranlagungen zu schützen.

Auch in der Gemeinschaft mit dem Menschen ist es für Hunde völlig normal, eine untergeordnete Position in der Rangordnung zugewiesen zu bekommen!

Bedeutung für unseren Alltag

- Hunde sind sozial lebende Tiere, die auf die Gemeinschaft angewiesen sind. Weder eine Einzelhaltung im Zwinger, noch das Alleinlassen eines Hundes über viele Stunden am Tag ist artgerecht. Der isoliert gehaltene Hund wird fast zwangsläufig Verhaltensauffälligkeiten zeigen!
- Eine Rangordnung, in der ein Hund die unterste soziale Position einnimmt, ist für ihn völlig normal, bietet ihm die existentielle Sicherheit und macht ihn keineswegs zum Fall für den Psychiater.
- Ranghohe Rudelmitglieder haben Privilegien gegenüber den Rangniederen (siehe auch Kapitel »Die Rangordnung«, S. 36). Benehmen wir uns nicht selbst als Führungspersönlichkeit, wird unser Hund unweigerlich diese Position übernehmen.
- Ein Hund braucht eine Aufgabe innerhalb des Rudels. Er möchte mit seinen Rudelmitgliedern, sprich den Menschen zusammenarbeiten. Wild lebend hätte er ständig Aufgaben und geistige Forderung, die ihn auslasten würden. Bieten wir ihm nicht die nötige Beschäftigung, wird er sich selbst etwas suchen, was ihn auslastet, und mancher Hund kommt da auf geniale Ideen!
- Das Rudel, sprich die Familie, und das eigene Territorium werden gegebenenfalls bewacht und verteidigt, nicht nur gegenüber Artgenossen. Dadurch bedingte Aggressionen können sich auch gegen Menschen richten, sowohl gegen die »eigenen« als auch gegen fremde, z.B. Besucher (Kinder, die zum Spielen kommen).
- Der Hund, der im Rudel auftritt, fühlt sich stärker als der, welcher alleine agiert. Problematisch kann dies insbesondere dann sein, wenn Hunde ohne vernünftigen Menschenbezug als Rudel (das können auch nur 2 sein) im Zwinger gehalten werden.

Und Hunde sprechen doch

Keine Gemeinschaft kann funktionieren, wenn ihre Mitglieder sich nicht untereinander verständigen können. So haben alle höher entwickelten Lebewesen Formen der Kommunikation entwickelt. Je sozialer Tiere leben, je mehr sie auf das Zusammenspiel in der Gruppe angewiesen sind, desto feiner sind auch ihre Möglichkeiten entwickelt, sich zu verständigen. Betrachten wir ein Wolfsrudel in seiner ausgeprägten Sozialstruktur, so ist es völlig klar, dass wir es dort mit einer Fülle von Kontakten untereinander, sozusagen mit einer »regen Unterhaltung« zwischen den einzelnen Mitgliedern zu tun haben.

Die Unterhaltung zwischen Wölfen oder Hunden sieht natürlich völlig anders aus als zwischen Menschen. Sehr differenzierte Formen der Körpersprache spielen eine große Rolle in der Kommunikation, aber auch ein reiches Repertoire an Lauten und über den Geruchssinn wahrnehmbare Signale sind für die gegenseitige Verständigung von Bedeutung.

Wie Kinder, die ihre Muttersprache lernen, muss auch der junge Wolf oder Hund lernen, die Sprache seiner Artgenossen zu verstehen und die Regeln im Zusammenleben zu akzeptieren. Es wurde bereits erwähnt, dass der junge Hund oder Wolf in den ersten 4 Monaten seines Lebens besonders intensiv lernt. Danach ist sein Gehirn fast ausgewachsen, nur 20% fehlen noch. Diese Entwicklungsphase hat prägenden Charakter. Was der Hund hier lernt, wird gespeichert auf Lebenszeit. Was er in Bezug auf soziales Verhalten nicht lernt in diesen Wochen, ist in den meisten Fällen nicht nachholbar. Ein Hund, der in

Im Spiel übt der junge Hund alle Verhaltensweisen, die für sein Leben wichtig sind.

den ersten 4 Lebensmonaten nicht ausreichend Möglichkeiten hatte, mit anderen Hunden, auch mit anderen Welpen, Kontakt zu haben, zu spielen, seine Kräfte zu messen, sich unterordnen zu müssen oder auch mal der Stärkere zu sein, wird später kaum in der Lage sein, sich seinesgleichen gegenüber artgerecht zu verhalten.

Das heißt nun nicht, dass wir den Junghund nach 16 Wochen getrost von anderen fern halten können. Natürlich lernt er weiter, auch was das soziale Verhalten anbetrifft. Alles wofür der Grundstein gelegt wurde, verfestigt sich, wird weiter ausgebaut. Auch die Pubertät spielt z. B. noch einmal eine bedeutende Rolle in der Entwicklung des Junghundes.

Hat ein Hund in den entscheidenden Entwicklungsphasen den Menschen nicht ausgiebig als Sozialpartner schätzen gelernt, wird er diesen auch später nicht als solchen akzeptieren und kein Vertrauensver-

hältnis aufbauen können. Es reicht nicht aus, dass der im Zwinger gehaltene Welpe vom Menschen gefüttert wird. Es muss ein intensiver sozialer Kontakt vorhanden sein, und zwar mit unterschiedlichen Menschen. Ein Schulkind benimmt sich anders als ein Erwachsener, und das Baby oder Kleinkind erscheint von seinen Bewegungen, seiner Sprache, seiner Art, sich fortzubewegen, seinem Geruch noch einmal als ganz anderer Mensch.

Der junge Hund muss all diese Erscheinungsformen »speichern«. Er muss Erfahrungen sammeln im Umgang mit Menschen, ihr Verhalten einzuordnen lernen und viel Positives mit ihnen erleben. Nur so kann der erwachsene Hund später wissen, dass das Kleinkind, welches auf ihn zutappst, keine feindlichen Absichten hat, dass es ihn nicht dominieren will, wenn es ihn umarmt, und dass das Kind, welches beim Spiel stürzt, ein potenzieller Sozialpartner und keine zu erlegende Beute ist!

Schauen wir uns nun noch einmal die wilden Vorfahren an. In einem Rudel mit hierarchischer Rangordnung und Rechten, die dem einen oder anderen zustehen oder auch nicht, wird es natürlich immer wieder das Bestreben einzelner Rudelmitglieder geben, an diesen Grenzen zu rütteln, sie zu überschreiten. Wölfe sind sehr wehrhafte Tiere. Würden sie nun bei jeder Auseinandersetzung sofort ernsthaft von ihren Zähnen Gebrauch machen,

Beide, Kind und Hund, müssen lernen, miteinander umzugehen. (Foto: Labrador Retriever, Welpen)

hätte das fatale Folgen: Stets wären Mitglieder des Rudels verletzt und dadurch geschwächt und könnten nicht ihre ganze Kraft für die alltäglichen Belange des Rudels einsetzen. Die Folge wäre klar: Es gäbe keine Wölfe mehr! Da unserem Wolf aber nun die Worte fehlen, muss er seinem Gegenüber in anderer Weise absolut klar machen, wie er die Situation sieht. Dazu dient, wie gesagt, in erster Linie die Körpersprache.

Kommunikation durch Körpersprache

Im alltäglichen Umgang mit Hunden erleben wir manchmal, dass ein Hund einen anderen bedroht, sich groß macht, das Nackenfell sträubt, die Zähne zeigt, gegebenenfalls knurrt oder gar in Richtung Gegner schnappt. Dieses Verhalten macht Angst, da wir die Aggression nicht einschätzen können. Dass Aggression lebenswichtig sein kann, wurde bereits erläutert und auch hier, bei diesem Drohverhalten, handelt es sich im Ursprung wieder um eine schützende Aggression. Wölfe beherrschen ein großes Repertoire an Drohverhalten, mit dem sie dem Artgenossen klarmachen können, dass er gerade seine Grenze erreicht hat.

Der Hund, der sich stark fühlt, macht sich groß, streckt seine Gelenke durch, wirkt steif in seinen Bewegungen. Das Nackenfell ist

gesträubt, der Blick ist starr. Diese Drohhaltung kann gesteigert werden durch Knurren, Hochziehen der Lefzen, wodurch die Zähne sichtbar werden, durch angedeutetes Schnappen in die Luft in Richtung Kontrahent. Kapiert der immer noch nicht den Ernst der Lage, fühlt er sich vielleicht ebenso stark, könnte es zu einer Rangelei kommen. Es klappen Gebisse, es fliegt vielleicht Fell, aber es passiert in der Regel nichts Ernsthaftes bei diesen Auseinandersetzungen, denn alle Bisse erfolgen gehemmt, das heißt, nicht mit der tatsächlichen Beißkraft, sondern nur angedeutet. Diese Beißhemmung muss der Welpe lernen, sie ist ihm nicht angeboren.

Natürlich gibt es nun auf der Gegenseite auch eine Fülle von Mimik und Gestik, die klar machen, dass man die Stärke des anderen akzeptiert und der Auseinandersetzung aus dem Weg gehen möchte. Macht sich der Starke groß, wird sich logischerweise der Schwächere klein

Drohgesten haben die Aufgabe, ernste Auseinandersetzungen zu verhindern.

An der Leine zeigen Hunde oft übersteigertes Aggressionsverhalten.

Schon der kleine Welpe lernt, die Großen durch Unterwerfungsgesten, hier mit passiver Unterwerfung, zu beschwichtigen.

machen. Seine Beine sind eingeknickt, seine Rute ist gesenkt, vielleicht zwischen den Beinen eingeklemmt, der Kopf ist ebenfalls gesenkt, vielleicht seitlich geneigt. Er schaut weg, vermeidet den Blickkontakt, um nicht durch fixierendes Anschauen zu provozieren. Entweder er sucht das Weite, wahrt damit die Individualdistanz des ranghöhe-

ren Hundes oder er zeigt weitere Unterwerfungsgesten.

Es wird unterschieden zwischen der aktiven und passiven Unterwerfung. Passiv ist klar, der Unterlegene tut im Prinzip nichts mehr, was den Kontrahenten reizen könnte, liegt nur noch mit eingeklemmter Rute auf dem Rücken, rührt sich nicht, vermeidet Blickkontakt.

Die aktive Unterwerfung hat ihren Ursprung im Futterbetteln des Welpen, der den erwachsenen Hunden an die Lefzen stupst und dadurch das Hervorwürgen des Futters provoziert. In demütiger Haltung versucht nun auch ein rangmäßig unterlegener erwachsener Hund, dem großen Meister durch Lefzenstupsen zu vermitteln, dass er freundlich zu ihm sein möge. Sein ganzes Gehabe, seine Mimik ist betont welpenhaft, zeigt also, dass der Führungsanspruch des Gegenübers keinesfalls in Frage gestellt werden soll.

Genau das steckt übrigens häufig dahinter, wenn Hunde uns anspringen. Unsere Mundwinkel sind eben so weit oben, dass der Hund springen muss um sie zu erreichen. Ziel dieser Aktion ist es, Aufmerksamkeit zu erhaschen, uns freundlich zu stimmen.

Zurück zu unseren Hunden: Betrachten wir ihre unterschiedliche Gestalt, dann wundert es nicht, dass manche Verhaltensforscher bezweifeln, dass sich wirklich noch alle Hunde untereinander verstehen. Die Tatsache, dass viele Hunde

nicht sozialisiert sind, weil der Mensch ihnen als Welpe das soziale Lernen verwehrte, lassen wir hier einmal außer acht. Es gibt nicht nur Unterschiede darin, was bei den einzelnen Hunderassen oder Schlägen vom Ausdrucksverhalten des Stammvaters Wolf überhaupt übrig geblieben ist, es gibt auch Hunde, die auf Grund ihrer körperlichen Erscheinung gar nicht mehr in das normale Kommunikationsschema ihrer Art passen. Was sollen die Artgenossen z. B. denken, wenn so ein armer Kerl mit zuchtbedingter Fehlstellung des Kiefers ihnen permanent die Zähne zeigt? Wie soll der Hund mit kupierter Rute durch Hochstellen oder Einklemmen selbiger zeigen, ob er sich stark oder schwach fühlt? Wie kann ein Hund, dessen Gesicht voller Falten ist, darin noch verwertbare Mimik zeigen?

Erschwerend kommt hinzu, dass der Mensch im Laufe der Zeit bestimmten Rassen bestimmte Eigen-

schaften abgezüchtet hat. Das ist zum einen sehr hilfreich, in manchen Fällen erschwert es die Haltung mancher Hunde für den »Normalverbraucher« ziemlich. So sind z. B. die meisten kleinen Terrierrassen über viele Generationen darauf selektiert worden, dass sie Ratten oder kleines Raubwild töten. Stellt man sich nun vor, so ein Terrier steht

Die aktive Unterwerfung hat ihren Ursprung im Futterbetteln des Welpen. Später ist es ein Betteln um freundliche Zuwendung.

Eine klassische Spielaufforderung. (Foto: Westerwälder Fuchs)

Es interessiert den Dackel wenig, dass der andere Hund größer ist! Durch Aufreiten signalisiert er ihm, dass er ranghöher ist. Eine Dominanzgeste, die Sie nicht dulden sollten!

vor dem Fuchs im Bau und käme beim Anblick des hundeartigen Gegenübers nun auf die Idee, Unterwerfungsgesten zu zeigen, um so den sicheren Rückzug einzuleiten, könnte der Fuchs beschließen, dass diese Einsicht zu spät kommt, und dann würde nicht der Fuchs, sondern der Jagdhund zur Jagdbeute. Terrier müssen im jagdlichen Einsatz kämpfen können, und genau das ist über lange Zeiten Zuchtziel gewesen und wird es in jagdlichen Linien auch immer sein. Dass diese lebendigen Hunde deshalb nicht selten Probleme mit ihresgleichen oder auch mit ihren Menschen haben, liegt auf der Hand. Die Karriere des Terriers als handlicher Familien- und Kinderhund ist noch nicht so alt, und leider sind die meisten Käufer eines niedlichen West Highland White Terriers oder Jack Russell Terriers sich dieser Tatsache nicht bewusst, wenn sie das nette kleine Fellbündel in ihr Haus

holen. In einer Statistik über Aggressionsverhalten bei Hunden, die der Kollege und Wolfsforscher Günther Bloch unter Mitarbeit einiger anderer Hundeerzieher erstellte, liegen die kleinen Terrierrassen ganz weit oben!

An dieser Stelle sei als besonders wichtiger Hinweis erwähnt, dass das Schwanzwedeln eines Hundes keinesfalls grundsätzlich als im menschlichen Verständnis freundliches Zeichen zu werten ist!!! Es bedeutet lediglich Anspannung oder Erregung und kann nur im Zusammenhang mit der restlichen Mimik und Gestik eingestuft werden. Um noch einmal bei Günther Bloch zu bleiben: Auch der Hund, der gleich das Kaninchen tötet, wedelt mit dem Schwanz! Sicher empfindet das Kaninchen das nicht als freundlichen Akt!

Bedeutung für unseren Alltag

- Hunde verfügen über ein hoch entwickeltes Kommunikationssystem, bei dem die Körpersprache eine besondere Rolle spielt. Droh- und Beschwichtigungsgesten dienen von ihrem Ursprung her dem friedlichen Miteinander. Sie haben den Zweck, beschädigendes Verhalten zu verhindern.
- Ein Hund beherrscht nicht von Geburt an alle Formen der Kommunikation und alle sozialen Regeln. Der Welpe lernt, insbesondere in den ersten 4 Lebensmonaten, in seinem sozialen Umfeld zurechtzukommen.

- Der intensive Kontakt mit Menschen, auch mit Kindern verschiedenen Alters, ist in dieser Zeit besonders wichtig, damit er auch sie als Sozialpartner »speichert« und lernt, mit ihrer Art der Kommunikation umzugehen.
- Damit unser Welpe, der meist ja nicht in einem Hunderudel aufwächst, ausreichend Gelegenheit hat, soziales Verhalten zu lernen und zu trainieren, ist der Besuch einer gut geleiteten Welpenspielgruppe unerlässlich.
- Da Hunde nun einmal kein Menschenverhalten zeigen können, werden sie hundliche Droh-, Dominanz- oder Demutsgesten auch dem Menschen gegenüber zeigen. Kann dieser sie nicht einordnen, kommt es zwangsläufig zu Missverständnissen.
- Kinder sollten so früh wie möglich mit den Formen hundlicher Kommunikation vertraut gemacht werden. Sie müssen lernen, den Hund zu beobachten und ihr eigenes Verhalten darauf einzustellen. Erst wenn sie zuverlässig dazu in der Lage sind, kann ihnen eine gewisse Selbstständigkeit im Umgang mit dem Hund zugestanden werden.
- Auch wenn alle Hunde vom Wolf abstammen und im Ursprung gleiches Verhalten hatten, dürfen wir nicht davon ausgehen, dass auch heute noch alle Hunde zuverlässig miteinander kommunizieren können. Das kann daran liegen dass der Mensch sie durch

Verstümmelung (man nennt das Kupieren) oder Zucht in ihrem Aussehen oder Wesen so verändert hat, dass es zwangsläufig zu Missverständnissen kommt oder dass keine entsprechend prägende Sozialisierung auf Artgenossen stattfand.

Laute in der Kommunikation der Hunde

Wie für die nonverbale Kommunikation gilt auch hier, das reiche Repertoire an Lautäußerungen, wie es beim Wolf vorhanden ist, besitzt der Haushund nicht mehr. Rasseabhängig gibt es große Unterschiede, denken wir nur einmal an laut bellend jagende Laufhunde oder den stumm arbeitenden Vorstehhund oder Retriever.

Gehen wir wieder zum Stammvater Wolf zurück, um besser zu verstehen. Was wohl jedem spontan einfallen wird, ist das Wolfsgeheul, in Geschichten häufig als gruselig und Böses verheißend dargestellt. In Wirklichkeit hat dieses Heulen wichtige Aufgaben. Die Verhaltensforscher Dr. Zimen und Dr. Feddersen-Petersen schreiben dem regelmäßigen gemeinsamen Chorheulen eine wichtige Rolle für die Festigung der Rangordnung und somit für den Zusammenhalt der Gruppe

Hundehalter müssen weder bellen noch jaulen, können aber trotzdem durch ihre Stimme dem Hund vieles signalisieren!

Mancher Hund versucht durch Heulen auch sein Menschenrudel herbeizurufen, wenn man ihn alleine lässt. (Foto: Husky)

Unterschiedliche Formen des Bellens haben unterschiedliche Funktionen. Es werden z. B. Gefahren dadurch angezeigt (ein eher dezentes Wuffen des erwachsenen Tieres lässt jeden Welpen schnell in sicherer Deckung verschwinden), es wird übermütig im Spiel gebellt usw.

Winselnde oder fiepende Geräusche signalisieren eher Unsicherheit oder Unbehagen. Wir finden sie z. B. beim hungrigen Saugwelpen, aber auch in ganz anderen Situationen, beispielsweise beim arbeitseifrigen Hund, der ungeduldig auf seinen Einsatz wartet.

Knurren ist eigentlich immer als Warnung zu sehen, es sei denn es handelt sich um spielende Hunde. Dabei kann es sich ebenso um das Knurren des sicheren, selbstbewussten Vierbeiners handeln wie um das defensive Knurren des offensichtlich Schwächeren. Beide signalisieren damit, dass eine Grenze erreicht ist, deren Überschreitung zu weiteren Schritten zwingt.

zu. Geheult wird beispielsweise beim Aufbruch zur Jagd. Da es weit zu hören ist, können die einzelnen Rudelmitglieder darüber auch gegenseitig ihren Standpunkt ausmachen und zusammenfinden. Ebenso weit hört es aber auch der potenzielle Gegner und weiß damit, dass da gegebenenfalls jemand Besitzansprüche auf das Revier geltend macht, wie stark das Rudel ist und wo die einzelnen Tiere sich befinden.

Signale für die Nase

Die Nase eines Hundes ist so gut, dass es unsere Vorstellungskraft bei weitem übersteigt. Gehen wir mit unserem Hund spazieren, kann er ohne weiteres feststellen, welcher Nachbarshund jenen Weg entlang lief, in welche Richtung er ging und manches mehr. Ebenso ist ihm klar, ob es sich lohnt, auf der Fährte des Hasen, die er gerade kreuzt, noch

eine kleine Privatjagd zu inszenieren oder ob der schon Stunden weg ist und sich die Anstrengung sowieso nicht mehr lohnt. Viele unserer Vierbeiner sind allerdings so unterbeschäftigt, dass sie undifferenziert alles verfolgen, was Abwechslung verheißt.

Hunde haben also eine extrem feine Nase, mit der sie viele Informationen aufnehmen können. So ist es logisch, dass wichtige Informationen auch auf dieser Ebene weitergegeben werden.

Jeder Wolf oder Hund hat seinen Eigengeruch, der u.a. durch Duftdrüsen im Gesicht, Analbereich oder Schwanzwurzelbereich bestimmt wird. Vielleicht haben Sie schon beobachtet, dass ein Hund sich auf seinem Spielzeug wälzt, um es so mit seinem Geruch zu versehen und es als seines auszuweisen.

Das Absetzen von Urin und Kot spielt als Duftmarke eine sehr große Rolle. Viele Informationen über das Individuum, welches seinen Duft hinterlässt, z.B. über körperliche Stärke oder ob die Hitze der Hündin bevorsteht, sind für den Artgenossen darin erkennbar. Auf diese Weise kann, bevorzugt an höher gelegenen Stellen, klar das Revier abgegrenzt werden und der Besitzanspruch auch während der eigenen Abwesenheit aufrechterhalten werden. Der Rüde, mit dem Sie spazieren gehen, muss nicht etwa alle paar Meter seine Notdurft verrichten, sondern er erklärt mit pausenlosem Markieren seiner ganzen

Umgebung, gegebenenfalls auch Ihnen, dass es sich hier um sein Revier handelt. Das Scharren nach dem Kotabsetzen oder nach dem Urinieren der Hündin hat auch den Sinn, die eigenen Duftstoffe möglichst weit zu verteilen und so Besitzansprüche geltend zu machen.

Schnell und sicher kann der Hund auf Grund seines guten Geruchssinns die Fährte am Boden verfolgen. (Foto: Beagle)

Gegenseitige Geruchskontrolle ist eine wichtige Form der Kommunikation.

Sicherer Umgang mit Hunden

Wer eine fremde Sprache erlernen möchte, wird nicht umhin kommen, sich dem intensiven Studium von Vokabeln zu widmen. Auch unsere Hunde sprechen eine fremde Sprache, haben sozusagen eine fremde Kultur und nur wenn wir bereit sind, ihre Sprache zu lernen, ihr Verhalten richtig zu deuten, können wir auch richtig mit ihnen umgehen, uns selbst so verhalten, dass sie uns verstehen. Nicht nur Englisch- und Lateinvokabeln sind wichtig! Lernen Sie doch mal mit Ihren Kindern Hündisch!

Zunächst sollte das theoretische Hintergrundwissen geschaffen werden und durch gezieltes Beobachten von Hunden im Umgang miteinander, lernt der Mensch dann langsam zu verstehen, was da so zwischen ihnen passiert.

Der beliebteste Fehler im Umgang mit Hunden ist sicher, sie zu vermenschlichen, ihnen Gedanken und Gefühle des Menschen zuzuschreiben, ihnen ständig eigene Entscheidungsbefugnis zu gewähren. Hunde verstehen nichts von Demokratie und Gleichberechtigung! In ihren sozialen Gemeinschaften gelten hierarchische Rangordnungen, das Prinzip von Stärke und Schwäche, aber das hatten wir ja schon!

Wichtig für den Umgang mit dem Tier ist, sich darüber klar zu sein, welche Formen der Kommunikation es versteht und diese gezielt einzusetzen. Das bedeutet auch, dass man das eigene Handeln sehr genau und kritisch beobachten muss. Mein Hund ist nicht »beleidigt«, weil ich mit ihm geschimpft habe, er hat vielmehr festgestellt, dass der Boss ziemlich gereizt ist. Der Mensch, der sich vor ihm aufbaut, ihn streng fixiert, sich vielleicht drohend über ihn beugt, ihn sogar noch mit tiefer Stimme »anknurrt«, wirkt eben bedrohlich! Da der Hund im Allgemeinen nicht die Auseinandersetzung sucht, wird er mir aus dem Weg gehen, sich in seinen Korb verziehen und jeden Blickkontakt vermeiden, um mich nicht weiter zu reizen. Er weiß auch normalerweise nicht genau »was er angestellt hat«. Er weiß, dass ich sauer bin und zeigt Demutsgesten um mich freundlich zu stimmen. Er versteht den Inhalt meiner Worte nicht,

Praxisnaher Biologieunterricht beim Züchter. Diese Schulstunde werden die Kinder so schnell nicht vergessen!

er vernimmt eine freundliche oder aggressive Grundstimmung in meiner Tonlage, in meinem ganzen Ausdrucksverhalten.

Nutzen wir die Körpersprache!

Die Körpersprache ist für unsere Hunde von elementarer Bedeutung. Wir können sie bewusst einsetzen in der Kommunikation mit dem Vierbeiner. Beobachten Sie einmal die Menschen in Ihrer Umgebung im Umgang mit Hunden. Sie werden erstaunt sein, was dem Hund da manchmal signalisiert wird!

Der souveräne Mensch
- Er geht aufrecht, macht sich nicht klein.
- Er leistet sich Ignoranz und Toleranz, geht nicht ständig auf den Hund ein.
- Er lässt seine Bewegungen nicht vom Hund einschränken. Er bleibt beispielsweise nicht stehen, weil der Hund stehen bleiben möchte oder sich quer vor ihn stellt. Er klettert nicht über den Hund, der im Weg liegt. Er geht seinen Weg!

Der drohende Mensch
- Bereits ein kurzer fixierender Blick kann als Drohung aufgefasst werden. Er kann dazu dienen, den eigenen Hund mal eben in die Schranken zu weisen. Aber er kann vom fremden bzw. besonders aggressiven Hund auch als Kampfansage aufgefasst werden, die einen Angriff seinerseits nach sich zieht. Das Kleinkind, das dem Hund Auge in Auge ge-

Was hier so innig wirkt, kann zum bösen Missverständnis werden. Dass er vom Kind fixiert wird, kann vom Hund als Provokation angesehen werden!

genüber steht, ihm sozusagen tief in die Augen schaut, kann ähnlich wirken.

- Das Vornüberbeugen, sich über den Hund beugen, ist bedrohend. Wir können unserem Hund dadurch manchmal imponieren. Aber mancher Mensch macht diese durchaus freundlich gemeinte Bewegung, wenn der Hund in seine Richtung kommt und wundert sich, dass sein Hund dann nicht zu ihm herankommt. Manches Kind beugt sich über einen Hund, um ihn zu streicheln! Auch das Kind, das über den Hund klettert, kann auf diesen bedrohlich wirken. Er sieht diese Handlung gegebenenfalls als ungebührliche Dominanzgeste des Kindes an.
- Der erwachsene Mensch, der schnurstracks und mit festem Schritt auf den Hund zugeht, das Kind, das schreiend auf ihn zurennt, sie könnten den Eindruck vermitteln, den Hund verjagen zu wollen, ähnlich wie der Hund, der den Artgenossen aus dem eigenen Revier treiben will.

Wie sieht der Hund das Kind?

Natürlich können wir Hunde nicht befragen zu diesem Thema, beobachtet man jedoch ihr Verhalten gegenüber Kindern verschiedenen Alters und vergleicht es mit dem Verhalten gegenüber Welpen und

Junghunden, so kann man daraus durchaus Rückschlüsse ziehen. Auch Dr. Erik Zimen hat bei Afrikanischen Völkern und auch bei seinen eigenen Wölfen das Verhalten gegenüber Kindern beobachtet und beschreibt eine gelassene Freundlichkeit, mit der sie ihnen begegnen. Er stellte unter anderem fest, dass beispielsweise beim Volk der Turkana Hunde durchaus eine Babysitterfunktion bei Babys und Kleinkindern wahrnehmen, ähnlich wie die Babysitter innerhalb des Wolfsrudels. Dieses Verhalten nun unkritisch auf unsere hochgezüchteten und in dieser hektischen Gesellschaft nicht selten überforderten Haushunde zu übertragen, könnte fatal sein!

Der Junge droht durch seine Körperhaltung. Der Hund ist stark beeindruckt und unterwirft sich. Würde das Kind ihn nun anfassen wollen, wäre eine abwehrende Reaktion durchaus möglich.

Das kleine Kind

Das kleine hilflose Tier, ebenso wie das kleine Kind, zeigen ein so genanntes Kindchenschema: Merkmale wie großer, runder Kopf, große Augen, tapsige Bewegungen signalisieren Schutzwürdigkeit, Pflegebedürftigkeit. Junge Tiere und junge Menschen bedürfen nicht nur der besonderen Pflege und Versorgung durch die Erwachsenen, sie müssen auch viel lernen. Lernen heißt auch, ausprobieren, Fehler machen, darüber erkennen, was gut für sie ist. Das Fehlermachen bezieht sich natürlich auch auf Verhaltensweisen im sozialen Bereich, das heißt, der Welpe hat eine ganze Menge »Narrenfreiheit«, darf sich also ziemlich viel erlauben, bevor er zurechtgewiesen wird.

Auch Babys und kleine Kinder haben im Allgemeinen recht viele Freiheiten bei gut sozialisierten Hunden und dürfen sich Dinge herausnehmen, die bei größeren Kindern oder fremden Erwachsenen vielleicht nicht geduldet würden. Gehen wir also davon aus, dass der normale, gesunde und gut sozialisierte Hund das Baby und Kleinkind im Prinzip als Welpen seines Familienrudels ansieht.

Allzu sehr sollte uns diese Gelassenheit dem »Welpen« gegenüber aber nicht beruhigen, denn was passiert, wenn der kleine Quälgeist dann doch an die Grenze dessen gerät, was für das erwachsene Tier noch tolerabel ist? Selbstverständlich wird er mit den Mitteln zurechtgewiesen, die der normalen Kommunikation unter Hunden dienen, denn genau diese müsste ein Welpe ja lernen. Reicht der vielsagende Blick nicht aus, wird also geknurrt, die Lefzen werden angehoben, es wird mal in die Luft geschnappt, eventuell über die Schnauze gegriffen oder der renitente Welpe wird notfalls auf den Boden gedrückt, wenn er es nun gar nicht begreifen will.

Stellt man sich diese Methoden der Zurechtweisung nun gegenüber einem Krabbelkind vor, welches begeistert den Hund erkundet, ist zu befürchten, dass diese Erfahrung für

Gelassen nimmt diese Labrador-Hündin es hin, dass der kleine Wicht nicht nur ihren Kauknochen klaut, sondern sie auch noch ausgiebig fixiert. So viel Narrenfreiheit gewährt nicht jeder Hund!

Der Welpe ist der Beute zu nahe gekommen. Energisch wird er zurechtgewiesen. Auch wenn dies mit Beißhemmung erfolgt, würde eine solche Ermahnung unserem Kleinkind nicht gut bekommen!

das Kind sehr schmerzhaft wird. Natürlich kann ein Kleinkind im Gegensatz zum Hundewelpen nicht blitzschnell lernen, bestimmten Bewegungen des erwachsenen Hundes auszuweichen, auf seine Mimik, seine Drohlaute mit entsprechendem Respekt und Abstand zu reagieren. Das Kind wird schnell Schrammen, eventuell sogar Wunden davontragen, denn die Haut eines Kindes ist eben nicht die eines Welpen, sie ist viel verletzbarer. Und dabei wollte der Hund nur zurechtweisen – so wie ein Hund eben zurechtweist! Schnell spricht man dann von dem bösen Hund, der dem Baby ins Gesicht gebissen hat und eigentlich eingeschläfert gehört. Opfer Nummer zwei! Nicht der Hund ist hier der Schuldige, denn ihm ist es verwehrt zu sprechen und zu handeln wie ein Mensch.

Die Erwachsenen, unter deren Obhut Kind und Hund stehen, haben versagt in diesem Moment, weil sie es versäumt haben, sich über ihren Hausgenossen und sein Verhalten vernünftig zu informieren und so das Kind in Gefahr gebracht haben! Kleinkinder sind in ihrem Forscherdrang unkalkulierbar. Sie wollen und müssen die Welt entdecken und das mit aller Energie, die ihnen zur Verfügung steht, und das ist gut so. Der Erwachsene, vielleicht auch große Geschwister müssen sich dieser Gefahr, die hier im Zusammenleben mit Hunden entstehen kann, bewusst sein. Auch wenn es bei den Turkana in Afrika scheinbar funktioniert, unsere Hunde sind durch Zucht und Umwelteinflüsse von ihrem Verhalten her häufig nicht geeignet, als Babysitter zu agieren. Diesbezügliche Experimente sollten tunlichst unterlassen werden, sie enden manchmal tödlich! Wer Baby oder Kleinkind mit Hunden unbeaufsichtigt lässt, handelt unverantwortlich!

Das ältere Kind

Irgendwann sind alle Kleinkinder der Welpenphase entwachsen und werden langsam zum mehr oder weniger brauchbaren Spielgefährten für den Hund. Die Tatsache, dass ein Kind aufrecht und relativ sicher laufen kann, macht es aber noch lange nicht zum Boss! Es ist eher aufgestiegen in die Klasse der Gleichrangigen. Lässt man sich von Gleichrangigen Befehle geben? Lässt man sich von Gleichrangigen Futter weg nehmen? Eher nicht! Je älter und selbstbewusster das Kind aber wird, je mehr es auf eigene Kraft und eigenes Können vertraut, desto mehr wird es auch ernsthaft bestrebt sein, die Großen im Umgang mit dem Hund zu imitieren und sich dem Vierbeiner gegenüber durchzusetzen. Und was soll der arme Hund tun, der sich von dem »Kumpel« nicht unterordnen lassen will?

Er hat immer noch nicht gelernt, zu handeln wie ein Mensch…!

Von Ausnahmen abgesehen, beginnt die Chance, wirklich als Boss angesehen zu werden, eigentlich erst mit fortgeschrittener Pubertät, wenn das Erscheinungsbild, Bewegungen, Geruch, Stimme und was sonst dazu gehört eher dem erwachsenen Menschen entsprechen. Sicher spielt dabei auch eine Rolle, dass ja eigentlich vom Jugendlichen erst zu erwarten ist, dass er sich konsequent und kompetent dem Hund gegenüber verhält.

Trotzdem gibt es diese Kind-Hund-Gespanne, die genial aufeinander eingespielt und unzertrennlich sind. Es gibt Hunde, die sich gerne und ohne jede Aufmüpfigkeit ihrem kleinen Boss unterordnen, die begeistert sind, von ihm und mit ihm etwas lernen zu dürfen. So etwas lässt sich aber nicht erzwingen! Ein solches Team kann nur entstehen, wenn das Kind das nötige Einfühlungsvermögen und das nötige Sachwissen hat, sozusagen als Hund denkt, wenn der Hund sich bedingungslos unterordnet – und wenn der Erwachsene im Hintergrund ist, der die Fäden in der Hand hält und damit den beiden diese traumhafte Beziehung ermöglicht!

Die Rangordnung

Ein wichtiger Faktor für das Verhalten des Hundes ist neben
• seiner wesensmäßigen Disposi-

tion, also der grundsätzlichen Bereitschaft, sich unterzuordnen,

- seiner Aggressionsbereitschaft,
- seiner Kooperationsbereitschaft auch,
- wie gut er in sein Menschenrudel integriert ist.

Es gibt viele Hunde, die fast jedes Verhalten eines Kindes, überhaupt eines Menschen akzeptieren. Ihre Stellung innerhalb des Rudels ist dabei von besonderer Bedeutung. Rekapitulieren wir noch einmal: Innerhalb eines Rudels existiert eine hierarchische Rangordnung, die für das Überleben des Rudels und den Zusammenhalt von großer Bedeutung ist. Jedes Rudelmitglied hat hier seinen Platz, seine Aufgabe. Auch wenn wir für uns selbst die Demokratie der Diktatur vorziehen, unsere Hunde überfordern wir maßlos damit! Sie brauchen eine klare Rangstellung, fühlen sich dann wohl und sicher und sind nicht gezwungen, ständig an Grenzen zu rütteln, die immer zur Diskussion stehen. Zeigt der Mensch keine Stärke und Souveränität, ist er schwach und kann das Rudel nicht führen. Kompromisse den Hunden gegenüber werden nicht etwa als besonders nette Geste, sondern ebenfalls schlicht als Schwäche gesehen! Sieht der Hund nun die Rangordnung ewig in Frage gestellt, wird er gegebenenfalls stetig daran arbeiten, sie seinerseits zu klären. Und wo beginnt der pfiffige Hund? Sicher nicht beim stärksten Rudelmitglied, sondern eher etwas weiter unten – und da sind wir wieder bei den Kindern!

Amerikanische Statistiken über Beißunfälle mit Hunden belegen klar, dass der Hund,

- der gar nicht oder wenig erzogen ist,
- der eine hohe Rangstellung innerhalb der Familie genießt,
- der viele Privilegien hat,

relativ weit oben anzutreffen ist in der Häufigkeit der Übergriffe auf Menschen, insbesondere auf Kinder. So genannte sanfte Erziehung, die auf jedes Grenzen setzen verzichtet, kann ebenso katastrophale Folgen haben wie Erziehung über Zwang und Gewalt! Beides ist nicht artgerecht und vermag nicht, einen brauchbaren Begleiter zu formen! Ein wichtiger Punkt ist auch, dass alle erwachsenen Mitglieder einer Lebensgemeinschaft an einem Strang ziehen! Manchen Hund animiert es, die Rangordnung in Frage zu stellen, wenn er Unstimmigkeiten unter den ranghohen Rudelmitgliedern bemerkt. Natürlich wird er auch hier wieder am schwächsten Punkt beginnen.

Fazit: Sorgen die Erwachsenen für eine vernünftige Erziehung des Familienhundes und weisen ihm eine klare Position in der Rangstellung zu, tragen sie damit zur Sicherheit der Kinder bei!

Auch wenn grundsätzlich auf die Erziehung erst später eingegangen

Sachwissen und liebevolle Konsequenz sind erforderlich, um den Hund zum zuverlässigen Rudelmitglied zu erziehen. Vermenschlichung und ständige Kompromissbereitschaft lassen ihn leicht zum Tyrannen werden!

Überlegen Sie gut, ob Sie Ihrem Hund solche Privilegien gewähren! Mancher Vierbeiner kam schon auf die Idee, »sein« Bett oder »sein« Sofa gegenüber seinen Menschen, insbesondere gegenüber Kindern, zu verteidigen! (Foto: Beagle)

werden soll, halte ich einige Tipps, die zur Klarstellung und Festigung der Rangordnung dienen, an dieser Stelle für angebracht:

- Der Boss (der Ranghöchste) ist souverän! Er kann es sich leisten, Dinge zu ignorieren und zu tolerieren, die ihn gerade nicht berühren, er setzt aber auch klare Grenzen, die dann auch so gemeint sind! Schimpfen, zetern, schreien und dann doch nichts durchsetzen ist Schwäche!

- Wichtige Aktionen gehen im Allgemeinen vom Boss aus. Er bestimmt, ob und wann es Futter gibt, wann der Spaziergang ansteht, wer sich wohin bewegen darf oder auch nicht, ob und wann gespielt oder geschmust wird.

- Strategisch wichtige Positionen werden vom Boss belegt, dazu gehören beispielsweise der Hauseingang, damit man alles unter Kontrolle hat, Orte, die mit Futter zu tun haben, z. B. die Küche, erhobene Plätze, die weite Aussicht

bieten. Und wo liegt Ihr Hund am liebsten?

- Bestimmte Ruheplätze, besonders auf erhobener Ebene, stehen den ranghohen Rudelmitgliedern zu: Sessel, Sofa, Betten…

- Wer nicht aus dem Weg gehen muss, ist höher in der Rangstellung! Wer kennt nicht die Situation, dass der Hund wieder breit in der Küchentür liegt, während »das niedere Volk« versucht, das Geschirr um ihn herum zu jonglieren!

- Wer geht wohl mit wem spazieren, wenn ihr Hund schon aus der Tür stürmt, obwohl sie noch kaum geöffnet ist?

- Ranghohe Tiere haben das Recht, zuerst zu fressen! Erhält der Hund immer seine Mahlzeit vor den Menschen, so ist das eine eindeutige Geste!

- Der Boss hat das Recht, zu kommen und zu gehen, wann er will! Zeigen Sie jedes Mal »Demut« in Form von langen Mitleidsbekundungen, wenn Sie das Haus verlassen oder nach einiger Zeit zurückkehren, signalisieren Sie eindeutig Schwäche!

- Was glauben Sie, wer sich für ziemlich ranghoch hält, wenn Ihr Partner nach Hause kommt und zuerst den Hund und dann Sie und die Kinder begrüßt???

All diese Punkte sind als Hilfestellungen gedacht, die zur Überprüfung des eigenen Verhaltes dienen sollen. Es sind keine eisernen Ge-

setze, die bei jedem Hund unbedingt strikt durchgezogen werden müssen. Voraussetzung, dass Sie diese Dinge locker handhaben können, ist allerdings, dass Ihr vierbeiniger Freund nicht im Ansatz darüber nachdenkt, ob man die Rangordnung vielleicht doch anders gestalten könnte. Es gibt Hunde, die man ständig an solche Regeln erinnern muss, weil sie sonst zum Größenwahn neigen, und andere, die Ihnen ergeben folgen, auch wenn Sie Ihnen häufig Zugeständnisse machen. Wichtig ist, dass alles was geschieht, zu Ihren Bedingungen geschieht!

Ihr Vierbeiner hat noch ein paar kleine Gesten auf Lager, mit denen er Ihnen so nebenbei mal zeigt, wer denn wirklich das Sagen hat.

- Ständiges Markieren des Rüden an jedem Grashalm hat nichts mit »sich lösen müssen« zu tun. Der Rüde fühlt sich stark, markiert sein Revier. Erlauben Sie ihm, wo er markieren darf!
- Manche Rüden markieren in der Wohnung oder pinkeln sogar ihre Menschen an. Das ist eine Kampfansage, die darauf schließen lässt, dass Ihre Rangordnung überarbeitungsbedürftig ist!
- Der Hund, der sich quer vor Sie stellt, schränkt damit Ihre Bewegung ein, erklärt Ihnen praktisch, dass Sie hier stehen zu bleiben haben. Er steht keineswegs rein zufällig so vor Ihnen, um vielleicht gestreichelt zu werden! Schubsen Sie ihn weg oder drehen Sie die Sache einfach um!
- Den Kopf auf das Knie des sitzenden Menschen zu legen, könnte vergleichbar sein mit den Kopf auf den Rücken des vierbeinigen Gegenübers zu legen, was Dominanz signalisieren würde. Manche Hunde tun dies bevorzugt, wenn ihre Menschen essen. Betrachten Sie das als doppelte Frechheit!
- Häufiges Aufreiten auf andere Hunde (angedeuteter Deckakt) ist oft eine Dominanzgeste. Manche Hunde machen das auch bei

Kinder liegen gern auf dem Boden. Damit machen sie sich dem Hund gegenüber klein und könnten ihn dadurch ermutigen, sich über sie zu stellen oder zu legen und damit Ranghöhe zu demonstrieren. (Foto: Labrador Retriever)

ihren Menschen, bevorzugt bei Kindern. Solche Versuche sind sehr streng zu untersagen! Packen Sie sich den Kerl und werfen Sie ihn notfalls aus dem Zimmer!

- Das Spielzeug, welches grundsätzlich nicht freiwillig, gegebenenfalls nur unter Knurren abgegeben wird, welches vielleicht ständig mitten in den Raum gelegt wird, um jeden vorübergehenden Menschen, besonders das Kind, durch dezentes Knurren daran zu erinnern, wie die Besitzverhältnisse sind, dient dazu, Ranghöhe zu demonstrieren. Achten Sie darauf, dass Ihre Kinder nicht in diese Falle tappen! Denken Sie an die für Kinder weniger erfreulichen Droh- und Unterwerfungsgebärden!

Darf der Hund bei allen Aktivitäten selbstverständlich dabei sein, ist dies die beste Möglichkeit, das gegenseitige Verhalten von Kind und Hund zu beobachten.

Beobachten Sie kritisch: sich selbst, den Hund, die Kinder! Es ist niemandem geholfen, wenn dominantes Verhalten Ihres Hundes ständig entschuldigt und mit Nachsicht behandelt wird! Bedenken Sie, dass Ihre Kinder gefährdet sein können, wenn Ihr Hund das Gefühl hat,

dass Ihre Autorität angreifbar ist. Dabei ist selbstverständlich immer das Gesamtverhalten ausschlaggebend und nicht einzelne Gesten! Der Vierbeiner wird nicht morgen Ihren Jüngsten anfallen, weil er Ihnen heute mal den Kopf aufs Knie gelegt hat, vielleicht war es ja wirklich nur das Bedürfnis nach Nähe. Sind Sie unsicher bezüglich seines Verhaltens, holen Sie sich professionelle Hilfe!!

Das Kind im Ranggefüge

Baby und Kleinkind haben nicht nur beim Hund eine Sonderstellung, sie stehen auch meist ohnehin im Mittelpunkt der Aufmerksamkeit, schon allein deshalb, weil man gelegentlich sie selbst und ihre Umwelt vor ihren guten Ideen schützen muss.

Das Schulkind, welches ja eher die »Kumpel-Funktion« aus Sicht des Hundes inne hat, kann durch uns Erwachsene eine ganze Menge Unterstützung erfahren. Zunächst ist es wichtig, dass dem Hund klar ist, dass unsere Kinder unter unserem persönlichen Schutz stehen und wir da keinen Spaß verstehen! Dulden sie grundsätzlich keine Gesten des Vierbeiners mit denen er dem Kind gegenüber eine ranghöhere Stellung zu demonstrieren versucht. Es sollten aber auch nicht künstlich Konfrontationen geschaffen werden. Dem Nachwuchs muss vor allem klar sein, dass Probleme mit dem Hund niemals alleine, sondern im-

mer nur mit Hilfe eines Erwachsenen gelöst werden! In einer Konfliktsituation, in der ein Kind alleine ist, sollte es sich schlicht umdrehen und weggehen. Das signalisiert sicher mehr Souveränität als der erfolglose Versuch sich durchzusetzen, der auch schlimmstenfalls mit einer Verletzung enden kann.

Dem Kind können auch Aufgaben übertragen werden, die es im Ansehen des Hundes steigen lassen. Was ist wichtiger als Futter? Na klar, derjenige, der das Futter verwaltet. Lassen Sie die Kinder füttern. Selbst das Kindergartenkind kann unter Ihrer Aufsicht den Hund absitzen lassen, ihm das Futter hinstellen und ihm dann erlauben zu fressen. Es darf dann nicht die Hand im Napf haben oder das Futter vielleicht noch einmal wegnehmen! So etwas ist Zankerei und kontraproduktiv!!! Das Kind soll ja in positiv souveränem Licht erscheinen. Ältere Schulkinder können durchaus selbstverantwortlich füttern. Gelegentliche Kontrollen sind nicht verkehrt. Dass dies nur für den Hund ohne jegliche Beuteaggression zutrifft, versteht sich von selbst!

Die Körperpflege des Hundes ist ebenfalls ein gutes Aufgabengebiet für Kinder. Es ist zwingend erforderlich, dass der Erwachsene von Anfang an mit dem Hund übt, dass dieser sich überall anfassen lässt. Dadurch wird nicht nur der Tierarztbesuch bei einer eventuellen Verletzung erleichtert, der Hund wird auch eher akzeptieren, wenn

das Kind ihn streichelt, bürstet, die Pfoten kontrolliert. Grundsätzlich wird auch das Bürsten des Hundes vom jüngeren Kind immer in Ihrer Anwesenheit durchgeführt. Beim älteren Kind ist zu beobachten, ob der Hund sich die Pflege klaglos oder sogar gerne gefallen lässt und sich nicht gegen das Kind durchzusetzen versucht.

Lassen Sie die Kinder, je nach Alter, gelegentlich Unterordnungsübungen durchführen und achten Sie selbst darauf, dass der Hund alles korrekt befolgt! Erlauben Sie dem älteren Kind, dem Hund Kunststückchen beizubringen. Vielleicht

Zu den Aufgaben, die Kinder schon recht früh übernehmen können, gehört das Füttern des Hundes. Je nach Alter des Kindes zunächst nur unter Anleitung und Aufsicht.

Unter der Anleitung des Erwachsenen kann sich auch das kleine Kind an der Pflege des Hundes beteiligen.

gibt es auch eine Hundeschule in Ihrer Nähe, die Kinderkurse anbietet, in denen die Kinder in der Theorie, aber auch im praktischen Umgang mit dem Hund unterrichtet werden. Machen Sie sich aber bitte vorher ein Bild darüber, wem Sie Hund und Kind anvertrauen! Hinweise auf gute Hundeschulen finden Sie im Anhang.

Es bleibt ein Wagnis!

Ein Hund, der in einer Familie mit Kindern lebt, muss von seinem Wesen her grundsätzlich friedlich und freundlich sein und die Bereitschaft mitbringen, sich in angemessener Form in sein Rudel, sprich die Familie, zu integrieren. Hunde, die bei jedem Kommando eine Grundsatzdiskussion beginnen, die eigentlich gar nicht, und bei den Kindern schon sowieso nicht, bereit sind, sich unterzuordnen, vielleicht sogar

Nicht nur den praktischen Umgang mit dem eigenen Hund trainieren die Kinder hier in der Hundeschule. Auch das Wissen über das Verhalten von Hunden wird vermittelt. Es ist die Voraussetzung dafür, dass sie diesen Tieren sicher begegnen können.

häufig Drohgesten ihnen gegenüber zeigen, sind für das Leben in der Familie nicht geeignet! Es kann nicht Sinn des Zusammenlebens mit Hunden sein, dass Kinder sich nicht mehr wie Kinder verhalten dürfen! Kein Kind, auch ein älteres, ist in der Lage, über jeden Schritt, jede Handbewegung nachzudenken.

Nicht jeder Hund ist in der Lage, das oft turbulente Chaos in einem Kinderhaushalt zu ertragen! Manchmal ist es dann erforderlich, zum Wohle aller, eine Entscheidung zu treffen, auch wenn es im Moment hart ist. Warten Sie nicht ab, bis Ihr Hund aus Angst oder übertriebener Dominanz heraus ein Kind so verletzt hat, dass es vielleicht für den Rest seines Lebens dadurch beeinträchtigt ist.

Es ist unverzichtbar, dass Kinder, auch jene, die ohne eigene Hunde aufwachsen müssen, so viel wie möglich über diese Spezies lernen! Sie müssen lernen, die Ausdrucksformen des Hundes zu deuten und sich entsprechend zu verhalten, um zu einem selbstverständlichen Miteinander mit dem Hund zu finden. Kein Kind soll einen Hund unnötig provozieren (wozu es wissen muss, wie er sich provoziert fühlt!), aber auch nicht von ihm »untergebuttert« werden. Dieses Gleichgewicht kann nur mit Hilfe und Einflussnahme des Erwachsenen hergestellt werden, der notfalls sofort eingreift, wenn der Hund sich dem Kind gegenüber ungebührlich verhält, und

ihn energisch, z.B. durch Schnauzgriff oder notfalls auf den Boden drücken in seine Schranken verweist. Wichtig ist, dass kein Kind ohne Gegenwart eines Erwachsenen irgendetwas bei einem Hund durchzusetzen versuchen sollte!!! Realitätsfremd ist, dass Kinder jeder »Machtprobe« mit dem Hund aus dem Weg gehen. Der Alltag erfordert, dass selbst das Kind, welches eigentlich kein großes Interesse am Hund hat, ihm in irgendeiner Weise begegnet. Ihn innerhalb der Hausgemeinschaft immer zu ignorieren, ist schlicht nicht möglich, z.B. wenn er vor der Haustür steht und das Kind gerade ohne ihn das Haus verlassen möchte, wenn das Kind sich nicht das Butterbrot aus der Hand klauen lassen will oder seinen Schuh gern wieder hätte. Selbst, wenn wir versuchen, einem Kind klarzumachen, dass in solchen Situationen immer der Erwachsene helfen soll, selbst wenn Eltern bemüht sind, auch das Schulkind nicht unnötig mit dem Hund allein zu lassen, der Alltag wird die Theorie besiegen!

Denken wir noch einmal an die wissenschaftlichen Untersuchungen, die belegen, wie hilfreich Hunde in der Erziehung und Entwicklung von Kindern sein können: Was ist mit dem Freund, dem man alles erzählen kann? Vielleicht, wenn Mutter oder Vater daneben stehen? Wie soll man als Kind in Ruhe spielen und die Zeit vergessen, wenn die Mutter daneben steht

und ständig auf den nächsten Termin hinweist, weil sie Kind und Hund ja nicht alleine lassen kann? Wir befinden uns hier in einem Zwiespalt, der nur in jedem Einzelfall zu lösen ist, und zwar unter Berücksichtigung der Individualität des Kindes und des jeweiligen Hundes.

Logisch denkende, hochintelligente und verantwortungsbewusste erwachsene Menschen machen Fehler, das spontane und eher emotional geleitete Kind macht Fehler, und der noch so freundliche und wohlerzogene Hund ist ein Tier und birgt in seinem Verhalten immer ein gewisses Restrisiko. Wir können im Leben nie jedes Risiko ausschließen, wir können aber nach bestem Wissen und Gewissen handeln. Das heißt in unserem Falle, der Erwachsene informiert sich, er leitet seine Kinder zu sinnvollem Umgang mit Hunden an, er sucht einen Familienhund aus, der von seinem Wesen und seiner sonstigen Veranlagung her geeignet für diese Familie ist, er sozialisiert den Hund und erzieht ihn zu einem zuverlässigen Rudelmitglied, er beobachtet Kinder und Hund sehr genau in ihrem Verhalten um dann zu entscheiden, welche Freiheiten beide miteinander genießen können. Der tägliche Schulweg unserer Kinder birgt sicher viel mehr Gefahren als das Zusammenleben mit Hunden! Dennoch: Es bleibt ein Wagnis!

Plötzlich verändertes Verhalten eines Hundes ist nicht selten die Folge von Krankheiten. Auch der freundlichste Hund kann unvermittelt mit Aggression reagieren, weil er vielleicht Schmerzen hat.

Problemsituationen im Alltag

Wie schon am Anfang dieses Buches gesagt, geht die Gefahr für Kinder gar nicht in erster Linie von dem übermäßig aggressiven Hund mit verantwortungslosem Besitzer aus. Es sind die vielen kleinen Situationen des Alltags, die Gefahren bergen, weil wir als Mensch und nicht als Hund denken. Die Kunst im Umgang mit kleineren Kindern und Tieren liegt unter anderem auch darin, dass der Betreuer das, was sein Schützling gleich wahrnehmen wird, worauf er gleich reagieren wird, bereits zur Kenntnis genommen und Vorsichtsmaßnahmen getroffen hat. Also Augen auf!

Einige typische Situationen, die unfallträchtig sein können, sollen hier angesprochen werden.

Ein Baby kommt

Ihr Hund war bisher Ihr Augenstern, genoss Ihre ganze Aufmerksamkeit, hatte alle Freiheiten der Welt, durfte in Ihrem Bett schlafen, auf dem Sofa liegen, wurde pausenlos beschmust. Er hatte die häusliche Situation also gut unter Kontrolle. Nun kommt Ablösung, denn Sie erwarten ein Baby, und das braucht natürlich viel Aufmerksamkeit und Pflege, sprich ein Großteil der Zeit und Zuwendung, die bisher dem Vierbeiner zustan-

den, werden in Zukunft dem kleinen Erdenbürger gewidmet. Zudem haben Tanten, Großeltern und Freunde bereits eindringlich geäußert, wie unhygienisch Hundehaltung doch in einem Haushalt mit Baby sei, wie gefährlich der Hund für das Neugeborene ist, und dass er ja wohl auf keinen Fall ins Kinderzimmer darf!

Zum Glück dauert eine Schwangerschaft mehrere Monate. Genug Zeit also, um auch den verwöhnten Vierbeiner zum familientauglichen Rudelmitglied umzuerziehen!

In dem Bestreben alles richtig zu machen, versuchen die jungen Eltern nun jedem gerecht zu werden. Der Hund genießt weiterhin alle Privilegien bis zur Geburt, weil er ja danach zurückstehen muss. Das Baby wird geboren und Freund Hund erfährt einen jähen sozialen Absturz! Das Kinderzimmer wird desinfiziert und zur hundefreien Zone erklärt, das Sofa ist tabu, da hier gestillt wird und der Hund nicht in die Nähe des Babys darf. Bett ist schon gar nicht mehr drin, da liegt ja das Kind gelegentlich, und die Zeit zum Schmusen mit dem Vierbeiner ist höchstens da, wenn der Nachwuchs schläft.

Logisch, dass der Hund dieses komische Geschöpf, welches plötzlich all seine Privilegien erhält, nicht gerade schätzen lernt! Ist es da, wird er weggeschickt, darf es nicht beschnuppern, keinen Kontakt mit ihm haben, seine geliebten Menschen schwirren nur noch um dieses brüllende Etwas herum. Rudelmitglied? Schutzwürdig? Pflegebedürftig? Davon kann der Hund nichts feststellen! Er wird ja ausgeschlossen, oder wird das Kind

ausgeschlossen? Egal, die Katastrophe ist vorprogrammiert. Ein Hund, der so behandelt wird, muss fast zwangsläufig verhaltensauffällig werden, gegebenenfalls sogar Aggressionen zeigen gegen den brüllenden Eindringling.

Das andere Modell sähe so aus: Die vielen Privilegien des Hundes werden während der Schwangerschaft langsam abgebaut und auf ein Maß gefahren, welches auch später sinnvoll ist. Frauchen, welches im Allgemeinen die meiste Arbeit mit dem Kind hat, tritt, wenn möglich, etwas in den Hintergrund. Der Hund wird dem Tierarzt vorgestellt, regelmäßig entwurmt und natürlich geimpft. Alle wohlmeinenden Freunde und Verwandten dürfen ihre Meinung äußern, sollten sich aber vielleicht vorher informieren, ob es denn wirklich eine ernsthafte gesundheitliche Gefahr gibt für ein Baby, die vom gut gepflegten Hund ausgeht. Wenn das nicht ohnehin schon der Fall ist, was natürlich besser wäre, werden gezielt Situationen gesucht, in denen der Hund positive Erlebnisse mit Kindern haben kann. Hierdurch können die werdenden Eltern sich auch sicherer werden bezüglich des Verhaltens des Hundes Kindern gegenüber.

Baby kommt nach Hause und wird dem Hund schlicht und ergreifend als neues Rudelmitglied vorgestellt, das heißt, er darf es beschnuppern. Zur Vorsicht sollte der vierbeinige Freund angeleint werden, damit jedes Restrisiko sofort im Griff ist. Sie

Der Hund, der keinerlei Aggression dem Nachwuchs gegenüber zeigt, darf unter Aufsicht der Erwachsenen selbstverständlich auch nah an das Baby herankommen.

sprechen freundlich mit ihm und signalisieren durch ihr souveränes Auftreten, dass es keine zwei Meinungen darüber gibt, ob das Baby jetzt dazu gehört! Verhält Ihr vierbeiniger Freund sich freundlich, vielleicht interessiert, wird er gelobt. Kein Baby ist bisher daran gestorben, wenn es bei solchen Begrüßungen eventuell vom Hund geleckt wurde!

Sollte Ihr Vierbeiner in irgendeiner Weise unfreundliches Verhalten dem Nachwuchs gegenüber zeigen, wird er sofort mit energischer, tiefer(!) Stimme und entsprechenden Unterordnungsgesten in seine Schranken gewiesen. Für diesen Fall haben wir ja die Leine dran. Ist dies kein einmaliger Ausrutscher, weil Freund Hund durch den Babystress irritiert ist, bleibt dieses Verhalten auch in den nächsten Tagen, sollten Sie nicht zögern, sich sofort an kompetente Verhaltensberater zu wenden. Stellen Sie in einem solchen Fall immer sicher, dass der Hund nicht schneller am Kind sein kann als Sie!

Da all die bösen Viren und Bakterien sowieso überall in der Luft herumschwirren, braucht der Hund auch nicht fern gehalten zu werden, sondern darf einfach selbstverständlich am gemeinsamen Leben mit Baby teilhaben. Er darf dabei sein, wenn gestillt und gewickelt wird, er darf mit am Kinderwagen spazieren gehen, er darf einfach nach wie vor dazugehören. Ziemlich sicher wird er feststellen, dass dieser kleine

Schreihals gar nicht übel ist und der Umgang mit ihm besonderer Sorgfalt bedarf. Was er nie darf, ist, mit dem Baby alleine sein!!!

Hartnäckig schrubbt der Kleine die Futterschüssel, was auf großes Interesse bei der Irish-Terrier-Hündin stößt.

Baby wird aktiv

Beginnt der kleine Mensch, seine Welt zu erkunden, werden die Eltern besonders aufmerksam sein müssen – auch den Hund, seine Augen, seine Ohren, seine Pfoten will Baby entdecken. Schnell sein, heißt hier die Devise, verhindern,

Der Berner Sennenhund fühlt sich vom Kind in die Ecke gedrängt. Hier sollte ein Erwachsener zügig eingreifen.

dass das Kind den Hund zu sehr bedrängt und jener es zurechtweisen muss, wie man eben aufdringliche Welpen zurechtweist.

Besonderes Augenmerk sollte darauf gelegt werden, dass kein Kleinkind die Nähe eines Hundes sucht, der gerade frisst. Auch der Versuch, ihm ein Spielzeug abzunehmen, muss verhindert werden: Beute wird im Zweifel verteidigt! Viele erwachsene Hunde legen gezielt eine Beute in ihrer Nähe ab und bestehen darauf, dass kein rangniederes Rudelmitglied und kein vorwitziger Welpe sich diesem Gegenstand nähert. Tut es doch einer, wird das gesamte Warn- und Drohrepertoire abgespielt. Der Hund ahnt natürlich nicht, dass unser Kleinkind dieses nicht verstehen und angemessen reagieren kann.

Auch die »Höhle«, in die ein Hund sich verkrochen hat, um seine Ruhe zu haben, kann zur bösen Falle werden, wenn das Kind ihn dort bedrängt. Besonders gefährlich kann es bei Hunden werden, die eigentlich nicht an den Umgang mit Kleinkindern gewöhnt sind, wenn ein fremdes Kind sie in die Enge treibt, sich unterm Tisch oder in der Zimmerecke keine Ausweichmöglichkeit bietet, und der Hund statt mit Flucht nur mit Verteidigung reagieren kann.

Und manchmal beißt das Kind

Wie schnell und unkalkulierbar Kleinkinder sein können, bewiesen meine beiden großen Kinder, die im Alter von ca. 1 Jahr gelegentlich wie ein Jähzornteufelchen den Hund, der stoisch im Weg lag, aus lauter Frust mal eben bissen. Da meine Kinder auch immer erst bellen und dann sprechen konnten, sollte man

In ihrer Begeisterung oder Wut entwickeln kleine Kinder manchmal enorme Kraft und Energie. Nicht jeder Hund kann das gelassen ertragen! (Foto: Australian Shepherd)

die These, dass sie eigentlich kein Hundeverhalten lernen können, vielleicht doch noch einmal über-prüfen?! Zum Glück war meine Labrador-Hündin jedem Menschen ausschließlich freundlich geson-nen. Sie leckte den Kindern in sol-chen Momenten einmal freundlich durchs Gesicht und suchte sich dann einen ruhigeren Platz, aber immer nur für wenige Minuten, denn es war das Wichtigste für sie, immer mitten im Geschehen zu sein. Es störte sie auch nicht, wenn sie gelegentlich von einem umher-fliegenden Spielzeug getroffen wur-de.

Erwarten sie solche Gelassenheit bitte um Gottes Willen nicht von je-dem Hund! Ein kleines Kind kann in seiner Wut einem Hund sehr weh tun. Sich zu wehren gegen den klei-nen Wüterich wäre nur allzu nor-males Verhalten eines Hundes. So-bald ein Kind auch nur annähernd in der Lage ist, so etwas zu verste-hen, sollte ihm sehr nachdrücklich erklärt werden, dass man anderen Lebewesen nicht weh tut – und dass solches Verhalten sehr negative Konsequenzen für es selbst haben kann.

Kleinkind und Welpe

Sollten Sie vorhaben, zu Baby oder Krabbelkind einen Welpen ins Haus zu holen, empfehle ich vorsorglich die Beschaffung einer Vorratsdose Valium – oder zumindest Baldrian!

Bedenken Sie, dass beide sehr viel Aufmerksamkeit und Zuwendung brauchen, dass beide in einer sehr lernintensiven Phase sind und mit Macht ihre Umwelt entdecken. Beide haben auch ihre Kräfte noch nicht unter Kontrolle und müssen erst lernen, wie man dem Gegen-über begegnet. Das wird übrigens besonders »interessant«, wenn an-dere Mütter mit Kleinkindern zu Be-such kommen! Die spitzen Welpen-zähne werden das blitzschnelle Krabbelkind, das unter Tisch und Stühlen hindurch schon wieder schneller am Hund war als Sie, sicher nicht begeistern. Vor allem aber werden beide geniale Ideen haben, wie sie Sie zum Wahnsinn treiben!

Als meine älteste Tochter 5 Monate alt war, bekam ich meine erste eigene Labrador-Hündin. Da ich

Dieser kleine Welpe macht schon ganz früh positive Erfahrungen mit Kleinkindern. Er lernt bereits in der Welpen-kiste, dass solche Wesen potenzielle Sozialpartner sind.

immer mit Kindern und Tieren gearbeitet hatte, dachte ich nicht im Traum darüber nach, was da auf mich zukam! Beide waren topfit, den ganzen Tag hellwach, fordernd, unternehmungslustig. Die ersten 3 Wochen kosteten mich 5 Kilo Körpergewicht, und dabei dachte ich, im Umgang mit Kindern und Hunden fit zu sein!

Es wäre zu schade, wenn sich hier durch unnötigen Stress Fehler einschleichen würden, die vielleicht nicht mehr reparabel sind. Man tut sich leichter, die Babyphase von Kind und Hund nacheinander zu genießen!

Der »Jäger« und das Kind

Das wölfische Erbe, welches manchen Hund sozusagen zwingt, Sich-Bewegendem nachzustellen, ist nicht selten Ursache für Unfälle mit Kindern. Nicht zu unterschätzen ist dabei auch die Tatsache,

dass die Aggressionsbereitschaft gegenüber Beute für den jagdlichen Einsatz bei manchen Hunderassen züchterisch sehr stark gefördert wurde. Im Gegensatz zum Erwachsenen, der sich eher in gleichmäßigem Tempo bewegt, sind spielende Kinder sehr spontan in ihren Bewegungen. Sie rennen, hüpfen, schreien und ziehen dadurch schnell die Aufmerksamkeit auf sich. Mancher Hund fühlt sich animiert, einfach mal hinzulaufen und zu schauen, was denn da so passiert.

Hat ein Kind keine Erfahrungen mit Hunden und nicht gelernt, wie man sich ihnen gegenüber verhält, beginnt oft genau hier die Katastrophe. Das Kind erschreckt sich über den Hund und ergreift von einem panischen Zwang getrieben die Flucht. Selbst wenn der Hund nur eine spielerische Jagd auf dieses so aufmunternd flüchtende Kind beginnt, selbst wenn er es nur spielerisch am Arm oder Bein packt und umwirft, um es dann auf dem Boden festzuhalten und immer noch

Bereits kleine Welpen üben Jagdverhalten. Wen oder was sie jagen ist allerdings durch Prägung und Erziehung beeinflussbar. Kinder jagen ist von Anfang an verboten!

Mit den anderen Haustieren sollte unser neuer Hausgenosse frühzeitig in Ruhe konfrontiert werden. Er muss lernen, sie zu tolerieren.

in jagdlich motivierter Spiellaune ein wenig an seinen Sachen herumzuzerren, kann diese Aktion reichen, um ein Kind zu verletzen und ihm einen unvergesslichen Schock zu versetzen. Der Hund, der diese »Jagd« mit ernsterer Grundhaltung verfolgt, wird kaum ein Problem haben, seine »Beute« zu töten. Flucht, Gegenwehr und das Schreien seines Opfers sind für manchen Hund ausreichend motivierende Reize, um jene zwanghafte Kette von Handlungen in Bewegung zu setzen. Gelegentlich reicht auch der Sturz eines Kindes um das Beuteverhalten eines Hundes ihm gegenüber zu aktivieren.

Uninteressant wird die »Beute« meist, wenn sie sich nicht unnötig bewegt, wenn das Kind ruhig stehen bleibt. Der Reiz, der das Jagdverhalten auslöst, fehlt dann. Es ist in den meisten Fällen zu erwarten,

dass der Hund sich, nachdem er das Kind gegebenenfalls beschnuppert hat, abwendet und sich Wichtigerem widmet. Verlassen kann man sich darauf zweifellos nicht, ganz abgesehen davon, dass ein Kind im Normalfall völlig überfordert damit ist, sich in so bedrohlicher Lage ruhig zu verhalten und sich nicht zu wehren.

Jeder Hundebesitzer muss seinen Hund sehr gut beobachten. Er muss wissen, ob sein Hund dazu neigt, Menschen, ob groß oder klein, ob Jogger, Fahrradfahrer oder laufende Kinder, zu verfolgen. Der bellend das Kind verfolgende Hund, dessen Besitzer eiligst versichert »Der tut nichts! «, tut sehr wohl etwas, er macht Angst! Die Spirale, die daraus entstehen kann, wurde wohl ausreichend beschrieben!

Ein Hund, der schon in der Welpenkiste vernünftigen Kontakt zu

Kindern hatte, der also gelernt hat, dass sie nicht Beute, sondern Sozialpartner sind, ein Hund, dessen Jagdleidenschaft durch gezielte Erziehung und das Angebot, Ersatzbeute (z. B. Bälle) zu jagen, kontrollierbar ist, wird selten diesbezüglich eine Gefahr darstellen!

Kinder sollten von Eltern, Lehrern oder Erziehern in entsprechenden Alltagssituationen immer wieder darauf hingewiesen werden, dass sie keine Verhaltensweisen zeigen, die sie in Gefahr bringen könnten, dass sie z. B.

- nicht an Hunden vorbeirennen,
- nicht weglaufen, wenn ein Hund auf sie zukommt,
- den Hund nicht fixieren
- oder gar schreiend die Arme hochreißen.

Besuch von fremden Kindern

Das Verhalten des eigenen Kindes ist im Allgemeinen einschätzbar, schwierig wird es bei Kindern, die zu Besuch kommen. Wir können nicht davon ausgehen, dass Kinder, die zum Spielen kommen, auf dem gleichen Kenntnisstand bezüglich des Hundeverhaltens sind wie unsere. Der Hund strahlt meist eine besondere Attraktivität auf Kinder aus. Zum Teil sind sie völlig vorbehaltlos und dadurch unvorsichtig, zum Teil zeigen sie aus Angst Verhalten welches provozierende Wirkung hat.

Das Kind, welches den Hund als willkommenes Kuscheltier mit ins Spiel einbeziehen möchte, vielleicht ständig versucht, ihn zu etwas zu zwingen, ihn zu umarmen und damit seine Bewegung einzuschränken, ihn herumzukommandieren, wird gegebenenfalls hart an die Toleranzgrenze des Vierbeiners herankommen, sie vielleicht überschreiten. Die Warn- und Drohgesten versteht es nicht und die ernstere Abwehr durch den Hund würde vielleicht verletzen.

Das ängstliche Kind wird sich sehr vorsichtig nähern, recht steif und eckig sein in seinen Körperbewegungen, vielleicht immer wieder zurückzucken, ein Verhalten, das den Hund zumindest irritieren kann. Schaut es ihm vielleicht auch noch pausenlos in die Augen, weil es ihn nicht aus dem Blick lassen möchte, so ist das für den Hund Provokation pur! Was passieren kann, wenn es vor dem Hund davonläuft, wurde im Kapitel über das Jagdverhalten bereits beschrieben.

Der »Chef« beobachtet vom priviligierten Standpunkt aus »sein« Zimmer. Im Zweifel wird er auch entscheiden, wann ihm das Spiel der Kinder zu weit geht!

Auch das wilde Spiel der Kinder, der eigenen mit fremden, könnte für einen Hund schwer zu ertragen sein. Leicht könnte er »sein Kind« in Gefahr wähnen und es vor den vermeintlichen Übergriffen anderer Kinder beschützen wollen.

Fazit: Kommen fremde Kinder zu Besuch, ist besondere Vorsicht angebracht! Der Hund sollte die Kinder keinesfalls ohne Kontrolle durch seinen ranghohen Menschen begrüßen dürfen. Er bleibt nicht ohne Aufsicht bei den spielenden Kindern!

Das Territorium

Dass nicht nur das eigene Rudel, sondern auch das eigene Territorium gegebenenfalls bewacht wird, wurde schon erwähnt. Es gibt Hunderassen, die das sehr ausgeprägt tun, andere halten eher dem Einbrecher die Taschenlampe. Bei manchen Typen von Hunden hat der Mensch seit Jahrtausenden diesen Wachtrieb enorm durch züchterische Selektion gefördert. Denken wir an Herdenschutzhunde, die als integrativer Bestandteil in der Herde leben und diese irgendwo, weit draußen, selbstständig vor Gefahren schützen sollen. Oder schauen wir all die Rassen an, deren Aufgabe seit urdenklichen Zeiten darin bestand, Haus und Hof zu bewachen. Selbst wenn man diese Anlagen bei seinem Hund nicht fördert, was über so viele Generationen Zucht-

selektion im Wesen dieser Hunde manifestiert wurde, ist nicht plötzlich weg, weil sie mit einer netten Familie in einer Einfamilienhaussiedlung wohnen und diese ausgeprägten Eigenschaften nicht gebraucht werden. Auch ein musikalisch begabtes Kind wird nicht deshalb unbegabt, weil ich ihm verbiete, Klavier zu spielen.

Ein Hund mit sehr ausgeprägten Wacheigenschaften könnte z. B. ziemlich unfreundlich reagieren, wenn da plötzlich ein fremdes Kind irgendwo auf dem Grundstück oder gar im Haus steht, dessen geregelten Einlass er nicht mitbekommen hat. Es könnte schon verhängnisvoll sein, wenn das Kind zwar am Gartentor wartet, sich aber darüber beugt, um schon einmal den Hund zu begrüßen. Jener könnte sein Territorium dadurch bereits als verletzt ansehen und schlicht zubeißen.

Durch den Griff über den Zaun, wie dieser Junge es tut, könnte ein Hund sein Territorium als bedroht empfinden und es verteidigen wollen.

Ein Unfall mit einem diesbezüglich sehr pflichtbewussten Hund ereignete sich vor kurzer Zeit in einem Nachbarort. Kinder spielten gemeinsam mit der zur Familie gehörenden Schäferhündin im Garten. Ein 12-jähriges Mädchen ging mit dem 3-jährigen Bruder an dem eingezäunten Grundstück entlang und es kam zu einem Wortgefecht der Kinder. Dabei hob das Mädchen den Bruder am Zaun hoch, und der kleine steckte seinen Kopf zwischen 2 Holzlatten des Zaunes. Die Schäferhündin schnappte zu und riss dem Kind ein Stück aus der Lippe. Sowohl das Territorium als auch die »eigenen« Kinder wurden hier bewacht, die Hündin hat ihrer Veranlagung entsprechend gehandelt.

Spiel mit Gegenständen

Dieses Spielzeug wurde einem intensiven Materialtest unterzogen! (Foto: Yorkshire-Terrier-Mischling)

Nicht jede Familie besitzt ihren Hund bereits seit dem Welpenalter und hat dessen Erfahrungen mit Menschen und der Umwelt weitgehend miterlebt. Manche Hunde haben bereits eine traurige Geschichte hinter sich und zeigen Angst in Momenten, die von uns gar nicht als bedrohlich eingestuft werden.

Nicht selten empfinden Hunde es als bedrohlich, wenn Gegenstände hoch gehalten werden. So wird das Federballspiel oder das Spiel mit einem Stock gelegentlich als Angriff gewertet, auf den, je nach Veranlagung des Hundes, mit Flucht oder Gegenwehr reagiert werden könnte. Auch hier ist es wieder von großer Bedeutung, dass der Erwachsene das Geschehen beobachtet und Situationen verhindert, die eskalieren könnten! Das jüngere Kind sollte ohnehin nicht unbeaufsichtigt in der Nähe des Hundes spielen, und ältere Schulkinder werden häufig in der Lage sein, solche Ängste des Vierbeiners, so sie bekannt sind und ausreichend thematisiert wurden, in ihrem Verhalten zu berücksichtigen, fremde Kinder aber sicher nicht!

Häufig passiert es, dass der Hund den Spielgegenstand der Kinder, bevorzugt Bälle oder Federbälle, durchaus aber auch Puppen oder Teddys, als willkommene Beute ansieht und kurzfristig davon Besitz ergreift. Vorsicht!!! Das Abnehmen einer Beute lässt sich nicht jeder Hund kommentarlos gefallen, und von gleichrangigen oder niederen Rudelmitgliedern, vielleicht sogar fremden Eindringlingen, schon gar nicht.

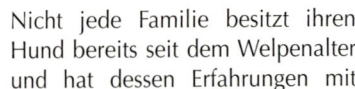

Passiert so etwas, ist grundsätzlich zu empfehlen, dass der Erwachsene mit dem Hund das Abgeben von Beute trainiert. Dazu erfahren Sie mehr im Kapitel über Erziehung. In der Situation selbst würde ich anfangs einen Beutetausch empfehlen. Holen Sie Kind und Hund zu sich und lassen Sie Ihr Kind dem Hund, sozusagen als Gegenleistung für die Herausgabe des Spielzeugs, eine Belohnung geben. Der Hund verknüpft so etwas Positives mit der Abgabe der Beute. Danach empfiehlt es sich, den Hund erst einmal sicherzustellen, damit die Kinder in Ruhe weiterspielen können. Ist Ihr Training mit Beute erfolgreich, können auch die Kinder miteinbezogen werden. Das gilt selbstverständlich ausschließlich für Hunde, die dabei nicht im Ansatz Aggression zeigen!

Kurze Leine – böse Falle

Was passieren kann, wenn kleine Kinder dem Hund immer hinterherkrabbeln und ihn damit in die Ecke drängen, wurde bereits besprochen. Der bedrängte Hund, der nicht mehr ausweichen kann, wird sich gegebenenfalls ernsthaft wehren. Eine ähnliche Bedrängnis kann der Hund empfinden, wenn er an der kurzen Leine gehalten wird, da er auch hier nur sehr begrenzte Ausweichmöglichkeiten hat.

Es gibt sehr sichere Hunde, die einfach grundsätzlich eine gewisse Individualdistanz gewahrt haben möchten, die eine direkte körperliche Nähe nur ganz wenigen Personen zugestehen, die schlicht in Ruhe gelassen werden wollen. Sie werden gelassen der Nähe ausweichen oder durch Drohgesten bekunden, dass die nötige Distanz, sprich die Individualdistanz unterschritten ist, bevor sie zu ernsteren Mitteln greifen!

Weniger sicheren Hunden, denen vielleicht sogar eine Prägung auf den Menschen fehlt, macht die Nähe Angst. Angst und Aggression liegen dicht beieinander. Der ängstliche Hund wird in seiner Panik wesentlich eher zubeißen, da er sich in Gefahr wähnt. In Beratungsgesprächen weigern sich Hundebesitzer sehr häufig, die Gefahr, die gerade von solch einem ängstlichen Hund ausgeht, zu akzeptieren und sich entsprechend vorsichtig zu verhalten. Da diese Hunde oft im Umgang mit den ihnen vertrauten Menschen sehr freundlich sind, fällt es dem Besitzer meist schwer, sich vorzustellen, dass ihr Hund jemandem etwas zuleide tun könnte.

Welche Alternative hat aber ein ängstlicher Hund, der in die Enge gedrängt wird? Soll er freundlich darum bitten, dass man ihn in Ruhe lässt?

Wir haben es hier wieder mit einer Form der Aggression zu tun, die der Selbsterhaltung dient. Der Hund der aus Angst beißt, weiß nicht, dass diese Reaktion meist völlig

So früh wie möglich sollte ein Kind lernen, einen Hund nie zu bedrängen! Hat der Hund nicht die Möglichkeit, der Annäherung des Kindes auszuweichen, kann er gegebenenfalls abwehrendes Verhalten zeigen und somit das Kind verletzen.

**Eine typische Alltags-
situation: Der vor dem
Geschäft wartende Hund
zieht die Kinder magisch
an. Würde er der An-
näherung ausweichen
wollen, wäre er durch
die Leine daran gehin-
dert. Es bliebe ihm nur
die Verteidigung!**

unnötig ist. Er glaubt in Gefahr zu
sein und verteidigt sein Leben.

Auch Menschen haben häufig vor
Dingen Angst, die in Wirklichkeit
gar keine Bedrohung darstellen.
Der Anblick einer dicken Spinne
beispielsweise, die versehentlich
auf einen Menschen zu krabbelt,
löst bei vielen ein ziemlich lautes
und entsetztes Fluchtverhalten aus.
Dabei gibt es keine heimische
Spinne, die für Menschen eine
ernsthafte Bedrohung sein könnte.
Erwarten wir von einem Hund, der
Angst hat, vielleicht ein reflektierte-
res Verhalten?

Die typische Alltagssituation finden
wir beim Hund, der vor dem Geschäft angeleint auf seinen Menschen wartet. Kinder kommen vor-

bei und stürzen sich begeistert auf
den niedlichen Hund, der ja so
alleine ist. Sie wollen ihn streicheln,
trösten, umarmen ihn wohlmei-
nend. Hier schlägt die Falle nicht
selten zu!

Der Hund, der neben seinem Menschen an der Leine läuft, ist nicht,
wie der Gesetzgeber es glaubt, ungefährlich, weil er an der Leine ist.
Einige Hunde fühlen sich besonders
stark, wenn sie ihren Menschen am
Strick haben und zeigen aggressives
Verhalten Menschen oder Artgenossen gegenüber, welches sie ohne
Leine und auf sich gestellt nicht zeigen. Manche haben auch den Anspruch, dass niemand außer ihnen
sich diesem Menschen nähern darf.
Sie betrachten ihn sozusagen als

ihren Privatbesitz. Wer zu nahe kommt, wird gegebenenfalls bedroht oder gar attackiert. Es kann auch gelegentlich passieren, dass ein Hund seinen Menschen durch eine herannahende Personen bedroht wähnt und deshalb aggressiv reagiert. Aus all diesen Gründen ist auch dringend zu empfehlen, nur freilaufende, niemals aber angeleinte Hunde Kontakt zueinander aufnehmen zu lassen!

Vermitteln Sie Ihrem Kind also unbedingt und möglichst nachvollziehbar, dass angeleinte Hunde im Normalfall nicht angefasst werden und dass es sicherer ist, einen gewissen Abstand zu wahren!

Während ich hier sitze und schreibe, erhalte ich den Anruf einer Mutter, deren 8-jährige Tochter gerade von einem angeleinten Hund gebissen wurde. Der Hund läuft normalerweise auf einem großen eingezäunten Grundstück herum. Sein Besitzer, ein junger Mann, soll sehr stolz darauf sein, dass sein Hund eine sehr ausgeprägte territoriale und sozial motivierte Aggression zeigt, sprich das Grundstück und ihn kompromisslos bewacht.

Verwandte des Besitzers führten den Hund an der Leine aus und begegneten der Familie mit 3 Kindern. Man blieb stehen, da man sich als Nachbarn kannte und lange nicht gesehen hatte, um sich zu begrüßen. Der Hund, der sich mit den ihm mehr oder weniger bekannten Menschen an der Leine langsam der Gruppe näherte, fixierte das Mädchen, knurrte kurz und griff sofort an, indem er an ihr hochsprang und ihr in den Hals biss. Das Eingreifen der Erwachsenen verhinderte Schlimmeres. Sofortige ärztliche Behandlung war nötig, es sind jedoch keine gesundheitlichen Folgen für das Kind zu erwarten.

Keiner der Beteiligten hatte geahnt, wie hoch die Aggressionsbereitschaft des Hundes wirklich ist und dass trotz, oder vielleicht auch gerade wegen der Leine, ein solcher Vorfall möglich wäre.

Kind und Hund auf Tour

Der lebhafte Jack Russell Terrier wurde nur für die Kinder angeschafft, weil er doch so niedlich und handlich ist. Folglich müssen diese nun auch mit ihrem Tier spazieren gehen, denn das war ja vorher so abgemacht. Je älter und selbstbewusster unser kleiner Freund wird, desto mehr glaubt er, bei diesen Spaziergängen die großen Kollegen »von der Seite anmachen« zu können.

Irgendwann ist es dann soweit: Ein anderer Hund lässt sich die Frechheiten nicht bieten und nimmt den Kampf auf. Nichts liegt nun unserem Terrier ferner als nachzugeben! Die schönste Beißerei ist im Gange und die armen Kinder stehen hilflos und verängstigt daneben. Hoffentlich ist ihre Angst in dem Moment groß genug, um sie

Der wichtigste Punkt, den Ihr Kind im Hinterkopf haben muss, wenn es allein mit dem Hund spazieren geht ist, dass es *niemals* eingreift, wenn Hunde kämpfen!

vom Eingreifen abzuhalten! Versuchen sie nämlich, ihrem kleinen Freund zu helfen, sind sie im Zweifel die einzigen, die bei der Rauferei ernste Verletzungen davontragen. Auch wenn sie nicht eingreifen und vielleicht zusehen müssen, wie die Hunde sich eventuell schlimme Verletzungen beibringen, ist die Kinderseele ziemlich gebeutelt.

Erklären Sie Ihrem Kind sehr eindringlich, dass Raufereien unter Hunden meist viel schlimmer aussehen, als sie sind (siehe Körpersprache!) und dass ein Kind auf gar keinen Fall eingreifen darf, da es sich damit in unkalkulierbare Gefahr begibt! Kommt es tatsächlich zu einer ernsthaften Auseinandersetzung zwischen Hunden, ist es sinnvoll, dass beide Hundebesitzer sich in entgegengesetzte Richtungen schnell vom Ort des Geschehens entfernen und ihre Hunde aus der Distanz rufen. Steht der Mensch nicht mehr daneben, fühlt sich der Hund schwächer und wird den Kampf eher beenden, um seinem Menschen zu folgen.

Es ist nicht allein ausschlaggebend, ob ein Kind einem Hund körperlich gewachsen ist, um mit ihm spazieren zu gehen. Viele kleine Vertreter ihrer Art sind, auch wenn ein Achtjähriger sie locker festhalten kann, alles andere als ungefährlich bei einem Spaziergang! Selbst wenn Sie einen Hund Ihr eigen nennen, der sich grundsätzlich allen Artgenossen und Menschen gegenüber friedlich und freundlich verhält, der wohlerzogen auch die Anweisungen Ihrer Kinder befolgt, können Sie abschätzen, was Kind und Hund unterwegs begegnet?

Nicht nur der Gesetzgeber macht diesbezüglich Einschränkungen. So dürfen z.B. Hunde, die laut der neuen Verordnungen als besonders gefährlich gelten, nicht von Personen unter 18 Jahren geführt werden. Auch die Versicherungen zahlen gegebenenfalls nicht, wenn durch einen Hund, der von einem Kind ausgeführt wurde, Schaden entsteht. Grundsätzlich werden bei Zwischenfällen immer die Eltern zur Verantwortung gezogen werden.

Mögen die zwei sich auch noch so gut verstehen – das Ungleichgewicht der Kräfte verbietet den Spaziergang zu zweit!

Ich erlebe in meinen Kinderkursen viele Kinder, die hervorragend mit ihren Hunden zurechtkommen, manchmal besser als die Erwachsenen. Kinder, die das Wissen um den Hund wahrlich in sich aufsaugen und es auch sehr bewusst umzusetzen vermögen. Ob sie aber in ihrem heimischen Umfeld mit dem Hund allein spazieren gehen können, wird immer eine individuelle Entscheidung sein müssen.

Ich bin nicht der Meinung, dass Kinder grundsätzlich nicht mit Hunden spazieren gehen können. Es gibt Teams, die einfach genial sind. Die Fähigkeit dazu ist auch nicht am Alter festzumachen. Manch 11-jähriger hat mehr Überblick als andere mit 15. Fakt ist jedoch, dass die meisten Kind-Hund-Teams, die um den Block geschickt werden, mit der Sache völlig überfordert sind. Hat das Kind oder der Jugendliche noch nicht die nötige Reife für diese Aufgabe, fehlt ihm das Wissen um den Hund, ist der Hund nicht in hohem Maße zuverlässig, so sind bei unbeaufsichtigten Spaziergängen nicht nur die beiden in Gefahr, sondern auch das Umfeld!

Stellen Sie sich folgende Fragen um abzuschätzen, ob Sie das Risiko eingehen können, Kind und Hund allein spazieren gehen zu lassen:

- Ist der Hund allen Menschen und Tieren gegenüber freundlich, belästigt oder verfolgt sie nicht?
- Verfügt der Hund über eine sorgfältige Erziehung und hört auch zuverlässig auf das Kind?
- Ist das Kind körperlich in der Lage, dem Hund Herr zu werden?
- Ist Ihr Kind sehr gut informiert über das Verhalten von Hunden?
- Erkennt das Kind Gefahrensituationen und kann darauf richtig reagieren?
- Kann das Kind seine Umwelt so genau beobachten, dass es diese Gefahrensituation im Vorfeld wahrnimmt?
- Ist das Kind vernünftig genug, sich an besprochene Regeln zu halten?
- Gibt es Hunde in Ihrer näheren Umgebung, von denen eine potenzielle Gefahr ausgeht?
- Weiß Ihr Kind, dass es niemals eingreifen darf, wenn Hunde kämpfen?

Gleiche Interessen verbinden: Über den Hund wird so manche Freundschaft geschlossen!

Ein Partner, auf den man sich verlassen kann

Vergessen wir Lassie und die übernatürlichen Fähigkeiten und überlegen, wie wir ohne Bildschnitt das erreichen, was wir vom vierbeinigen Begleiter erwarten.

Wenn wir einen Welpen bekommen, dann ist er 8–12 Wochen alt. Er wirkt auf uns klein, zerbrechlich, schutzbedürftig. Bis dahin hat er hoffentlich unter idealen Bedingungen gelebt, mit Mutter, Geschwistern und vielleicht sogar anderen Hunden. Er hatte hoffentlich sehr intensivem Kontakt mit jungen und alten Menschen, besonders mit Kindern verschiedenen Alters. Immer noch hört man die Meinung, ein Hund dürfe vor dem ersten Geburtstag nur spielen und seine Jugend genießen, die Erziehung solle erst danach beginnen.

Wenn Wissenschaftler immer wieder eindringlich darauf hinweisen, dass das Gehirnwachstum eines Welpen mit ca. 16 Wochen bereits zu 80 Prozent abgeschlossen ist, dann will man den Hundebesitzer sicher nicht darauf hinweisen, dass der Welpe in dieser Entwicklungsphase besonders proteinreiches Futter braucht. Wie ein Schwamm saugt so ein Welpe in dieser Zeit alles auf, was die Umwelt ihm bietet, und das weiß auch Mutter Natur. Der Wolfswelpe im Rudel lernt in diesen ersten Wochen unendlich viel, hier wird der Grundstein gelegt für alles, was für sein Leben wichtig ist. Er lernt, wer zur sozialen Lebensgemeinschaft gehört, wer in dieser Gemeinschaft welchen Rang hat, welche Verhaltensweisen dazu führen, dass man vom Boss eins auf die Mütze bekommt, wie man ranghohe Rudelmitglieder friedlich stimmt, und alles andere, was das soziale Leben ausmacht. Der junge Wolf trainiert seine körperlichen Fertigkeiten in Bezug auf die Jagd, übt das Anpirschen, Hetzen, Packen.

Kurz gesagt, alles, was für sein Leben wichtig ist, lernt er jetzt! Was sollte bitte ein Wolfrudel mit einer Horde unerzogener Einjähriger anfangen?

Die Erziehung in einem wild lebenden Rudel bedeutet, dass das Verhalten des Einzelnen auf die Bedürfnisse der Gemeinschaft abgestimmt wird. Nichts anderes bedeutet die Erziehung eines Hundes in Bezug auf sein Menschenrudel. Erziehung eines Hundes hat nichts mit Gewalt und Willen brechen zu

Geben Sie Ihrem Welpen die Chance, in den prägenden Lebensphasen möglichst viele positive Erfahrungen zu machen und so viel wie möglich von seiner Umwelt kennen zu lernen! Achten Sie beim Kauf darauf, dass auch das Umfeld in den ersten 8 Wochen optimal war!

Ein Eis für zwei. Diese Mischlings-Hündin nutzt die Gelegenheit, an der Schleckerei teilzuhaben.

tun. Sie erfordert Wissen, Liebe zum Tier und Konsequenz.

Wer erzieht?

Erziehung ist ein Prozess, der eng mit der Rangordnung verknüpft ist. Der Ranghöhere bestimmt, was zu tun oder zu lassen ist und setzt seine Vorstellungen dem Rangniederen gegenüber auch durch. Da es gerade in einer Familie mit Kindern von besonderer Bedeutung ist, dass ein Hund seinen Platz in der Rangfolge hat, ist es wichtig, dass die Erziehung jemand übernimmt, der das nötige Durchsetzungsvermögen dem Vierbeiner gegenüber hat, der die Wichtigkeit dieser Aufgabe erkennt und der die nötige Zeit aufbringen kann. In der Regel wird das ein Erwachsener sein oder ein sehr zuverlässiges und konsequentes jugendliches Mitglied der Familie. Für Kinder unter 14 Jahren ist diese Aufgabe meist zu komplex, es gibt jedoch auch da Ausnahmen, die mit sehr viel Einfühlungsvermögen, Sachwissen und Selbstdisziplin den eigenen Vierbeiner erziehen. Dass dazu vernünftige Begleitung durch den Erwachsenen erforderlich ist, versteht sich von selbst.

Das jüngere Schulkind oder Kindergartenkind darf zuschauen bei der Erarbeitung von Übungen. Es wird ihm möglichst viel dabei erklärt und es darf mit Unterstützung der Eltern den Hund gelernte Dinge ausführen lassen. Die Vermittlung der nötigen Sicht- und Hörzeichen an den Hund erfordert soviel Koordination und Timing, dass ein jüngeres Kind damit schnell überfordert ist. Folge wären Frusterlebnisse für Kind und Hund. Da der Hund ohnehin ein jüngeres Kind nicht unbedingt als höherrangig ansieht, könnten ihn die erfolglosen Erziehungsversuche durch das Kind genau darin bestätigen, was wiederum seine Unterordnungsbereitschaft dem Kind gegenüber nicht gerade positiv beeinflussen würde.

Grundsätzliches zur Erziehung

Da es nicht die Hauptaufgabe dieses Buches ist, im Detail über alle Feinheiten der Hundeerziehung zu unterrichten, werde ich mich auf die Vermittlung grundsätzlicher Regeln und die Erarbeitung der wichtigsten Hör- und Sichtzeichen beschränken. Auch wenn die Übungen hier auf den Welpen ausgerichtet sind, können Sie diese – individuell ein wenig angepasst – selbstverständlich auch mit dem erwachsenen Hund erarbeiten. Nicht nur der Welpe, auch der erwachsene Hund, der in ein »neues Rudel« kommt, kann und muss lernen, sich einzufügen. Achten Sie darauf, dass Sie nur einen Hund übernehmen, dessen bisheriges soziales Umfeld einzuschätzen ist und der in der Lage ist, eine enge Bindung zum Menschen aufzubauen! Die Bindung zum Menschen, die Bereitschaft mit ihm zusammenzuarbeiten, spielt eine entscheidende Rolle bei der Erziehung.

Vergessen Sie die Einstellung, dass der Hund »zu gehorchen hat«. Natürlich soll er tun was Sie sagen, ob er das jedoch tut, liegt zum größ-

Im gemischten Rudel müssen sowohl Kinder als auch Hunde lernen, Grenzen zu akzeptieren.

ten Teil an Ihnen. Gelingt es Ihnen, ihm zu vermitteln, dass es positiv für ihn ist, das zu tun, was seine Menschen wollen, wird er gern und damit zuverlässig hören! Mit positiver Verstärkung erreichen Sie weit mehr als mit Strafe! Lob und Belohnung sollten an erster Stelle stehen. Versuchen Sie »Schandtaten« bereits im Vorfeld zu verhindern und setzen Sie klare Grenzen, wenn es nötig ist! Der Hund, der zuverlässig gehorcht, kann alle Freiheit haben, die er braucht!

Überlegen Sie am besten, bevor der Hund ins Haus kommt, was er darf und was er nicht tun soll. Es ist leichter, Dinge von vorneherein zu verhindern, als einmal zugestandene Privilegien später abzubauen. Besprechen Sie mit allen Familienmitgliedern, wie der Umgang mit dem Hund aussehen soll, welche Regeln gelten. Erziehung besteht nicht nur im Beibringen von »Sitz« und »Platz«. Der Hund, ob klein

oder groß, soll in den Alltag Ihrer Familie eingegliedert werden.

Überlegen Sie gemeinsam, wer welche Aufgaben übernehmen kann. Sicher werden Ihre Kinder in anfänglicher Euphorie am liebsten alles alleine machen wollen. Das ist aus bereits erörterten Gründen zum einen nicht zu empfehlen, zum anderen wird sich diese Dienstbeflissenheit spätestens dann geben, wenn zum 3. Mal das Spiel mit der Freundin abgesagt werden müsste wegen des Hundes oder das Pfadfinderwochenende vor der Tür steht. Wie gesagt, Kinder, auch größere, sind mit der Komplexität der Aufgabe schlicht überfordert und brauchen den Erwachsenen als kompetenten Partner.

Wichtige Regeln für das tägliche Training

- Überfordern Sie den Hund nicht! Bauen Sie Ihre Übungen langsam auf, Schritt für Schritt. Erwarten Sie nichts, was der Hund noch nicht kann.
- Geben Sie klare Hör- und Sichtzeichen, die gut voneinander zu unterscheiden sind! Der Hund versteht unsere Sprache nicht. Er kann einzelne Vokabeln lernen, Worte mit bestimmtem Tun verbinden lernen. Benutzen Sie deshalb immer dieselben kurzen Worte, dieselben Handzeichen. »Sitz!« hört sich anders an, als »jetztsetzdichdochmalschöhin!«
- Sprechen Sie leise mit Ihrem Hund! Er hört um ein Wesent-

Welche Privilegien einem Hund eingeräumt werden, sollte vorher gut überlegt werden. Es ist im Nachhinein immer schwierig, sie wieder zu beschneiden. (Foto: Rauhaardackel)

liches besser als wir Menschen! Was er noch nicht verstanden hat, wird er auch nicht tun, wenn Sie ihn anschreien – oder verstehen Sie die japanische Betriebsanleitung für den neuen Fotoapparat, weil man sie Ihnen entgegenbrüllt?

- Sagen Sie die Hörzeichen nur einmal, der Hund würde sonst sehr schnell lernen, dass deren Ausführung auch beim 30. Mal reicht.

- Nutzen Sie Ihre Stimme! Hohe Stimmlage signalisiert freundliche Grundstimmung, tiefe Stimmlage wirkt drohend, warnend. Rufen Sie beispielsweise mit hoher Stimme säuselnd heran, verbieten Sie mit tiefer Stimme.

- Loben Sie!!! Jede richtige Handlung, jedes positive Verhalten wird gelobt (Stimme!). Damit Ihr Hund das Lob auch tatsächlich richtig einordnet, muss es unmittelbar in zeitlicher Einheit mit der Tat erfolgen! Sie haben bis zu zwei Sekunden Zeit, alles andere ist zu spät!

- Belohnen Sie mit Futter! Futter ist positiv und wichtig. Unser Hund soll doch verknüpfen, dass das Befolgen der Hör- und Sichtzeichen positiv ist! Keine Angst, er wird nicht sein Leben lang nur hören, wenn Sie Futter in der Hand haben, denn das werden Sie ganz langsam abbauen, später aber immer mal gelegentlich einsetzen. Es geht darum, dass er jetzt lernt, dass es für ihn schön

ist, das zu tun, was der Mensch sagt. Belohnung durch Spiel ist eine gute Alternative!

- Achten Sie auf Ihre Körpersprache! Signalisieren Sie Sicherheit, indem Sie aufrecht stehen, beugen Sie sich nicht über den Hund, wenn Sie ihn nicht bedrohen wollen, gehen Sie in die Hocke, um dem Welpen das Herankommen zu dem riesigen Menschen zu erleichtern.

- Üben Sie immer nur in kurzen Zeiteinheiten, das ist effektiver als stundenlanges Training! Für den Welpen reichen mehrmals täglich 2–3 Minuten.

- Wählen Sie Ort und Zeit des Trainings bewusst. Ihr Hund sollte fit und aufmerksam sein (beispielsweise kurz vor der Fütterungszeit). Der Ort sollte möglichst reizarm sein. Spielende Kinder im Hintergrund, die gerade die

Kinder und Hunde arbeiten hier konzentriert. Es macht nicht nur allen Beteiligten Spaß, es beeinflusst auch die Rangstellung des Kindes dem Hund gegenüber positiv!

Belastbarkeit Ihrer Nerven testen, werden weder Ihnen noch dem Hund Konzentration und erfolgreiches Training ermöglichen.

- Bereits verstandene Übungen werden in allen Alltagssituationen geübt.
- Heben Sie jedes Kommando wieder auf, beispielsweise mit dem Wort »frei«. Der Hund darf sich nicht selbst aus der Übung entlassen! Sie wollen sich später darauf verlassen können, dass er genau dort liegen bleibt, wo Sie ihn hingelegt haben! Alles andere kann ihn im Ernstfall in Gefahr bringen. Zudem erfordert es der Alltag mit Kindern besonders, dass der Hund mal eine gewisse Zeit sicher abgelegt werden kann, wenn z. B. das Kind spontan Ihre Hilfe braucht.
- Fordern Sie nur, was Sie auch durchsetzen können! Überlegen Sie also, ob Sie überhaupt eine

Chance haben, dass Ihr Hörzeichen befolgt wird, bevor Sie es aussprechen. Mit jedem Kommando, das Ihr Hund ohne sofortige (!) Konsequenzen für ihn nicht befolgt, lernt er, dass es zwei Möglichkeiten gibt: Ich komme, oder ich komme nicht!

- Beenden Sie das Training immer mit einer gelungenen Übung, einem Erfolgserlebnis für beide. Eine kleine Spieleinlage zum Schluss ist Belohnung und fördert Bindung und Vertrauen.

Der Welpe kommt ins Haus

Bis jetzt hat Ihr neuer Freund mit seinen Geschwistern und seiner Mutter in vertrauter Umgebung gelebt. Nun muss er sich plötzlich mit lauter neuen Gegebenheiten abfinden. Er kennt weder die Gerüche

Neugierig und lernbegierig! Der kleine Welpe wird alle neuen Reize aufsaugen wie ein Schwamm. Er will und kann jetzt viel lernen! (Foto: Petit Griffon)

noch die Geräusche des neuen Umfeldes, die vertrauten Hunde und die wohl bekannten Menschen sind weg, alles ist furchtbar aufregend. Geben Sie ihm Zeit, sich in Ruhe mit seinem neuen Heim vertraut zu machen. Setzen Sie ihn, wenn Sie mit ihm ankommen in seinen Korb, legen Sie am besten eine Decke hinein, die den alten »Stallgeruch« hat, und lassen Sie ihn in Ruhe. Er darf, so wie es seinem Wesen, seinem Temperament entspricht, die Welt um sich herum erkunden.

Verbieten Sie den Kindern, ihn zu bedrängen, auch wenn es noch so schwer fällt. Er braucht Zeit und Ruhe um sich einzuleben, das Neue zu entdecken. Ist er gut auf den Menschen sozialisiert, so wird er ohnehin sehr schnell das Bedürfnis haben, zu den Zweibeinern Kontakt aufzunehmen. Die Familie, sprich sein neues Rudel reicht auch an Menschen für den ersten Tag! All die Spielkameraden dürfen schön dosiert in den nächsten Tagen den Zuwachs begrüßen.

Achten Sie bitte unbedingt darauf, alle Kinder im Auge zu haben. Ihr kleiner Hund befindet sich in einer hochsensiblen Phase. Alles Unangenehme, was ihm jetzt widerfährt, wird dauerhaft gespeichert. Gehen Sie bitte nicht davon aus, dass die Freunde Ihrer Kinder den Welpen so behandeln, wie es sein sollte. Selbst nicht böse gemeinte Gesten, unbedachtes Toben um das Hundekind herum, versehentliches Treten oder Ähnliches können das Vertrauen zum Menschen, insbesondere zu Kindern, sehr stark beeinflussen, und das wäre zu schade!

Vermitteln Sie ihm Geborgenheit. Lassen Sie ihn in der ersten Tagen nicht unnötig alleine, auch nachts nicht! Stellen Sie einen Karton neben Ihr Bett der groß genug ist, dass der kleine darin schlafen, aber nicht so leicht aus ihm entwischen kann. Ihre Nähe wird ihm Sicherheit geben. Zudem hören Sie, wenn er unruhig wird und können ihn hinausbringen, damit er sich löst. Der Welpe, der in der Wildnis vom Rudel verlassen ist, befindet sich in Todesgefahr. Wen wundert es also, wenn auch unser Hundewelpe schreit und jammert, weil man ihn allein lässt. Er will Sie nicht ärgern, er braucht anfangs die Nähe! Das alleine bleiben üben wir erst, wenn er sich an die neue Situation gewöhnt hat

Dieses Bedürfnis nach Nähe sollten Sie sich von Anfang an auch bei Ihren Spaziergängen zunutze machen! Hat der kleine Hund Angst alleine gelassen zu werden, wird er folglich von sich aus zusehen, dass er in Ihrer Nähe bleibt. An Orten, die keine Gefahr bieten, sollten Sie den Welpen von Anfang an ohne Leine laufen lassen. Gehen Sie souverän Ihren Weg, warten Sie nicht ständig auf ihn, und Sie werden sehen, der kleine wird ihnen folgen! Der kleine Hund hat beim Züchter hoffentlich schon viele positive

Der Welpe braucht Zuwendung, Nähe und Geborgenheit. Aber auch, wenn seine großen Augen Sie dahinschmelzen lassen, sollten Sie von Anfang an mit liebevoller Konsequenz Grenzen setzen!

Umwelterfahrungen machen können. Ermöglichen Sie ihm in den nächsten Wochen noch ganz viele Erfahrungen, bringen Sie ihm alles nahe, womit er später einmal konfrontiert werden könnte: Müllautos, Brücken, Unterführungen, Eisenbahn, Pferde, Kühe, … Nehmen Sie ihn überall hin mit. Solange er noch klein ist, packen Sie ihn schlicht in ein Tragetuch und lassen ihn immer nur ein paar Minuten laufen, damit er körperlich nicht überfordert wird. So kann er aus sicherer Position die Welt entdecken.

Zeigt er vor irgendetwas Angst, so signalisieren Sie durch Ihre sichere Ausstrahlung, dass alles o. k. ist! Bedauern Sie ihn, gehen Sie weg von dem vermeintlich bedrohlichen Punkt, um den Hund nicht weiter zu belasten, signalisieren Sie, dass es hier wirklich etwas gibt, wovor man Angst haben muss. Also suggerieren Sie: Da wo ich bin, kann dir nichts passieren!

Setzen Sie Grenzen, von Anfang an! Es gibt Dinge, die auch der niedlichste Welpe nicht darf: Teppiche oder Möbel anfressen, vom Tisch Essen klauen, Babys Teddy zerfetzen, Blumentöpfe umgraben usw. Sowie er beginnt, solch unerwünschtes Verhalten zu zeigen, hört er ein klares »Nein!«. Das Verbotswort wird weder gesäuselt noch aufgeregt entgegengekreischt; das eine würde Einverständnis, das andere Mitmachen signalisieren. Ihre Stimme ist ruhig und möglichst tief (Sie knurren), Ihre Haltung ist souverän. Achten sie aber darauf, das Hundekind nicht unnötig einzuschüchtern. Notfalls wird der Welpe aus der Situation herausgenommen und Sie bieten ihm eine bessere Beschäftigungsmöglichkeit an, z. B. sein Spielzeug.

Kinder jagen, ihnen in die Fersen beißen oder an den Kleidungsstücken ziehen, ist auch für den kleinen Welpen absolut verboten! Ist das Kind schon größer, kann es sich bereits selbst wehren. Ermuntern Sie es, schnell zu reagieren. Dem Verbotswort »Nein!« folgt, wenn der Welpe das noch nicht versteht oder nicht ernst nimmt, ein Griff von oben über die Schnauze. Findet er das immer noch lustig, wird er auf den Boden gedrückt. Vorsicht! Dieses Auf-den-Boden-Drücken ist die härteste Strafe, die sie haben! Auch das Kind, welches schon entsprechend agieren kann, muss das wissen und berücksichtigen!

Ist Ihr Kind zu klein oder zu unsicher, um den Welpen selbst in die Schranken zu weisen bei solch übermütigen Spielversuchen, müs-

Haben Sie keine Zeit für Ihren Welpen, wird er sich selbstständig interessante Beschäftigungen suchen! (Foto: Mischling)

sen Sie einschreiten, und zwar sofort und nicht erst, wenn Sie mit dem Kochen fertig sind! Sie sind ranghöchstes Rudelmitglied, Ihre Kinder (= Ihre Welpen) stehen unter Ihrem persönlichen Schutz. Sie haben das Recht sie zu verteidigen, ebenso, wie die Hündin ihre Welpen vor Gefahr und Übergriffen beschützt! Tun Sie es nicht, zeigen Sie Schwäche! Eine Hündin ist im Zweifel sehr energisch und kompromisslos, wenn es um Ihre Welpen geht.

Machen Sie den Kindern aber auch klar, dass auch der kleine Hund Rechte hat. Er darf in Ruhe fressen, ohne dass jemand an seinem Napf herumspielt, er muss ganz viel schlafen, er ist kein Spielzeugtier, was man ständig mit sich herumschleppt, er ist ein Individuum mit eigenen Bedürfnissen, die ein Kind lernen kann zu tolerieren. Ermuntern Sie die Kinder, den Hund zu beobachten, Ihnen mitzuteilen, was ihnen auffällt, ob er müde ist, sich erschreckt hat, spielen möchte oder vielleicht dringend mal nach draußen muss. Das Beobachten und Einordnen verschiedener Verhaltensweisen hilft den Kindern den Hund besser zu verstehen und damit Missverständnisse und Unfälle zu vermeiden.

Ebenso wie den Kontakt zu Menschen braucht der Welpe, aber auch der erwachsene Hund, die Möglichkeit zu Spiel und Kommunikation mit anderen Hunden. Suchen Sie sich eine Hundeschule, in der Spielgruppen angeboten werden. Den-

ken Sie an die wichtigen ersten Wochen!

Stubenreinheit

Jeder Hund ist bestrebt, seinen engsten Heimbezirk sauber zu halten, er hat also von sich aus das Bedürfnis, die Wohnung nicht zu verschmutzen, wenn er sie denn als Heimbezirk akzeptiert hat. Wie ein kleines Kind muss auch der Welpe noch sehr oft sein Geschäft verrichten und verspürt dieses Bedürfnis sehr spontan. Beobachten Sie ihn genau, um ihn sofort hinauszutragen, sobald er unruhig wird, beginnt mit der Nase auf dem Boden zu suchen oder sich im Kreis zu drehen. Dies ist eine gute Aufgabe für Kinder. Verrichtet er dann draußen sein Geschäft, freuen Sie sich, als hätte er Ihnen einen persönlichen Gefallen getan!

Löst er sich in der Wohnung, putzen Sie es kommentarlos weg und bestrafen ihn nicht dafür! Er würde sich für die Tat selbst bestraft fühlen, es aber nicht mit dem falschen Ort

Das Kleinkind kann schon akzeptieren lernen, dass der Hund beim Fressen nicht gestört wird.

in Verbindung bringen. Schlimmstenfalls würde er versuchen, Harn und Kot zu verhalten, um nicht bestraft zu werden. Es war schlicht Ihr Fehler, Sie haben nicht aufgepasst!

Das sollte jeder können!

Es gibt vieles, was ein Hund lernen kann, und es ist sicher gut für ihn, wenn er viel lernen darf, also geistig gefordert wird. Einige Grundkommandos sind jedoch für das Zusammenleben im Alltag unverzichtbar.

Das Herankommen

Der Hund, der zuverlässig kommt, kann alle Freiheit der Welt haben! Verbindet er etwas Positives mit dem Kommen, wird er es gern und zuverlässig tun!

Zunächst rufen Sie den Hund immer in dem Moment, wenn er ohnehin Ihre Richtung anpeilt. Gehen Sie spontan in die Hocke, schmettern Sie ein freudiges »Bello Hiiiier!« und zeigen Sie Begeisterung, wenn Ihr Vierbeiner tatsächlich zu Ihnen kommt!

Rufen Sie häufig in Situationen ohne viel Ablenkung. Am besten, Sie haben das Futterbröckchen schon in der Hand, wenn Sie rufen, um es dem Hund in dem Moment zu geben, in dem er Sie erreicht. Gelobt wird bereits, wenn er auf Sie zuläuft. Kommt er nicht, laufen Sie ihm keinesfalls hinterher! Dieses wunderschöne Spiel hätten Sie sonst für die nächsten 15 Jahre gepachtet! Klatschen Sie in die Hände, jubeln Sie, quietschen Sie, machen Sie sich, wie auch immer, interessant und laufen Sie dem Welpen davon! Kommt er, wird überschwänglich gelobt! Machen Sie sich keine Gedanken über die Nachbarn! Der Erfolg in der Erziehung Ihres Vierbeiners wird Sie rehabilitieren!

Zum Menschen kommen ist das Schönste auf der Welt! Freudig stürmt der Welpe seiner Familie entgegen.

Ihre Kinder üben das Herankommen nur mit ausdrücklicher Erlaubnis, jüngere unter Aufsicht, denn nach dem 150. Hier-Ruf aus drei verschiedenen Richtungen, wird auch der kooperativste Welpe gelernt haben, dass dieses Wort keine besondere Bedeutung hat!

Leinenführigkeit

Um dem jungen Hund das Tragen von Halsband und Leine angenehm erscheinen zu lassen, werden diese Dinge zunächst auch nur in angenehmen Situationen angelegt, z.B. zum Füttern oder zum Spielen. Akzeptiert er es, nehmen Sie die Leine locker in die Hand, in die andere Hand ein Leckerchen und locken den Hund spielerisch mit sich mit. Loben nicht vergessen!

Überlegen Sie, an welcher Seite der Hund normalerweise gehen soll. Haben Sie vor, Prüfungen mit ihm zu machen, wird meist das Folgen an der linken Seite gefordert sein. Nehmen Sie also am besten die Leine in die rechte Hand, halten in der linken, genau dort, wo Ihr Hund neben Ihnen gehen soll, das Bröckchen und locken ihn so neben sich her. In dem Moment, wo er versehentlich korrekt neben Ihnen läuft, hört er das Hörzeichen »Fuß!«. So lernt er, die korrekte Handlung mit dem richtigen Wort zu verbinden. Loben und belohnen Sie ihn immer wieder!

Klappt das einigermaßen, beginnen Sie, das Bröckchen langsam hochzuziehen, bis Sie es irgendwann vor der Brust halten und der Hund zu Ihnen (oder zum Futterbröckchen) hochschaut. Sprechen Sie sehr viel und sehr freundlich mit ihm, halten Sie zunächst ständig Kontakt mit dem Welpen über Ihre Stimme. So treten andere Reize in den Hintergrund und er wird sich eher auf Sie konzentrieren.

Lassen Sie sich von Anfang an nicht auf die dauerhaft gespannte Leine ein! Halten Sie von sich aus die Leine betont locker, bleiben Sie möglichst stehen oder ändern Sie die Richtung, wenn der Welpe vorwärts zieht, damit Ziehen keinen Erfolg hat. Loben Sie dagegen, wenn er sich dann wieder zu Ihnen hin orientiert.

Wie die Großen trainieren die beiden die Leinenführigkeit! Oder vielleicht besser? (Foto: Großer Münsterländer)

Klappt das Ganze mit Leine, versuchen Sie es ohne. Konzentrieren Sie den vierbeinigen Freund auf die Futterbelohnung, bleiben Sie mit lobender Stimme dran und vergessen Sie nicht, zwischendurch zu belohnen. Nicht zu ehrgeizig sein! Denken Sie daran, dass ein junger Hund sich nur wenige Minuten konzentrieren kann !

»Sitz!«

Unsere Körpersprache ist noch wichtiger als unsere Worte. Deshalb verbinden wir jedes Hörzeichen auch mit einem Sichtzeichen. Das Sichtzeichen für »Sitz!« ist der erhobene Zeigefinger. Achten Sie immer darauf, dass Sie Ihre Sichtzeichen so geben, dass der Hund sie auch sehen kann, nicht vielleicht hinter seinem Kopf!

Der erhobene Zeigefinger ist das Handzeichen für »Sitz!«. Kind und Hund üben es konzentriert. (Foto: Irish Setter)

Ihr Hund steht vor Ihnen und schaut Sie an. Arbeiten Sie mit einem kleinen Hund, dann gehen Sie in die Knie, um sich nicht bedrohlich über den Hund zu beugen, und halten ein Leckerchen über seinen Kopf. Neugierig geht die Hundenase nach oben, der Hintern nach unten – und schon sitzt der kleine Hund. Genau in diesem Augenblick folgt das Hörzeichen »Sitz!«. Das richtige Timing ist wichtig, damit der Hund das Wort mit dem Sitzen und nicht vielleicht schon wieder mit dem Aufstehen verbindet.

Halten Sie das Bröckchen mit Daumen und Mittelfinger und strecken dabei den Zeigefinger in die Luft, haben Sie das Ganze auch schon mit dem richtigen Handzeichen verbunden. In dem Moment, wo er sitzt, bekommt er die Futterbelohnung.

Der junge Hund wird zunächst nur sehr kurz freiwillig ruhig sitzen. Entlassen Sie ihn deshalb sehr schnell mit dem Wort »Frei!« oder Ähnlichem aus der Übung. Steigern Sie ganz langsam die Zeit, die er sitzen bleiben muss. Korrigieren Sie durch erneutes Hinsetzen, wenn er vorzeitig aufsteht. Überfordern Sie den Hund nicht! Dehnen Sie die Übung nicht länger aus als Aussicht auf Erfolg besteht!

Klappt das »Sitz!« absolut zuverlässig in direkter Nähe, können Sie langsam beginnen, es auch auf kleinere Entfernungen zu üben, ein Meter, zwei Meter,... Immer erst steigern, wenn es klappt!

Klares Handzeichen für »Platz!«: Die flache Hand, deren Innenseite zum Boden zeigt.

»Platz!«

Diese Übung ist eine der Wichtigsten! Gelingt es Ihnen später, Ihren Hund in einer Stress- oder Gefahrensituation, beispielsweise wenn er einem Kaninchen hinterherläuft, wenn er auf eine Straße zurennt oder wenn plötzlich Fahrradfahrer oder Jogger auftauchen, ins »Platz«! zu rufen, kann weder dem Hund noch den beteiligten Menschen etwas passieren. Das Ablegen hat gegenüber dem Absetzen den Vorteil, dass der Kopf des Hundes tiefer am Boden ist, er also seine Umgebung nicht mehr so gut beobachten kann und damit vielleicht den Reiz, der ihn zum Loslaufen bewegte, aus den Augen verliert. Es ist häufig leichter, einen Hund, der tatsächlich jagdliche Ambitionen hat, ins gut (!!!) geübte »Platz!« zu rufen, als ihn sozusagen in seinem Vorhaben umzuleiten und mit anderer Absicht

in eine andere Richtung, sprich zu seinem Menschen laufen zu lassen. Die einfachste Methode, die Hör- und Sichtzeichen für »Platz!« zu erarbeiten, ist folgende: Sie knien ein Bein auf den Boden und strecken das andere Bein vorwärts aus. Dabei entsteht ein Durchgang, dessen Höhe sie so niedrig halten, dass Ihr Hund unter dem ausgestreckten Bein nicht aufrecht durchgehen kann, sondern durchkriechen muss. Motivieren Sie nun den Hund mit Hilfe eines Leckerchens, unter Ihr ausgestrecktes Bein zu krabbeln. In dem Augenblick, wo er liegt, kommt Ihr Hörzeichen »Platz!«. Er bekommt das Leckerchen, wird gelobt und darf aufstehen.

Das Handzeichen hierfür ist die flache Hand, die mit der Innenseite zum Boden zeigt. Klemmen Sie am besten das Bröckchen mit dem Daumen unter die Handfläche und

halten Sie die Hand in korrekter Haltung vor den Hund. Sobald Sie den Eindruck haben, dass der Hund es begriffen hat, versuchen Sie es nur noch mit Sicht- und Hörzeichen. Bis ein Hund sich zuverlässig auf Befehl hinlegt, ist viel Übung erforderlich!

Wie beim »Sitz!« erarbeiten Sie auch hier langsam die Distanz, Schritt für Schritt. Erst muss die Übung allerdings in unmittelbarer Nähe zu 100 Prozent gut klappen, bevor Sie es auf Entfernung probieren! Können Sie den Vierbeiner irgendwann auf 100 Meter ablegen, haben Sie gute Arbeit geleistet!

Das Apportieren

In Haushalten mit Kindern liegen meist interessante Dinge herum, die auch der Hund gelegentlich toll findet. Er schleppt sie mit, ein Mensch entdeckt das, stürzt auf den Hund zu, schimpft, nimmt die schöne Beute weg. Was lernt der Hund?

Wenn Du eine Beute gemacht hast, musst Du schnell sein, dass Du vom Menschen wegkommst und sie vor ihm in Sicherheit bringst!

Das ist schlecht, denn zum einen könnte unser Freund auch mal etwas Gefährliches finden und mitnehmen, gegebenenfalls ganz schnell in sich hineinschlingen, damit der Mensch es nicht wegnimmt, zum anderen ist Apportieren eine schöne Beschäftigung, die vielen Hunden und auch vielen Kindern Spaß macht!

Wir müssen also taktisch klüger vorgehen, wollen wir alles bekommen, was unser Hund mit sich trägt! Rufen wir doch ganz einfach den Teddydieb voller Begeisterung heran, jubeln, freuen uns, geben ihm eine Ersatzbeute, wenn er wirklich den verbotenen Gegenstand heranbringt. Ob er dafür ein Bröckchen oder ein anderes Spielzeug bekommt, ist egal. Wichtig ist, dass Abgeben positiv ist!

Dieses Abgeben von Beute kann man natürlich gezielt üben. Wir set-

Viele Welpen lieben es, Gegenstände mit sich herumzutragen. Nutzen wir diese Begeisterung, verstärken sie positiv und machen ein schönes Spiel daraus, wird der Hund sicher später gern apportieren.

zen uns mit dem Hund in einem kleinen Raum auf den Boden und begeistern ihn für das Spiel mit einer Beute. Überlegen Sie, wie sich eine lebende Beute verhält: Sie springt hin und her, macht plötzliche Bewegungen, versteckt sich, piept oder quietscht. Geben Sie sich also Mühe, Ihre Beute interessant zu machen! Will er sie haben, werfen wir das Spielzeug ein Stückchen weg und motivieren den Hund durch spielerisch freundliche Ansprache, den Gegenstand zurückzubringen. Da wir ja in einem sehr kleinen Raum üben, ist die Ausweichmöglichkeit gering. Kommt der Hund nicht freiwillig dicht heran, erobern wir durch gezieltes Zugreifen das Spielzeug zurück, um es im gleichen Moment auch schon wieder fortzuwerfen. Der Hund verknüpft nach kurzem Üben: Abgeben bedeutet, das Spiel geht weiter! Kämpfen und zerren Sie nicht um den Gegenstand! Zum einen haben Sie einen solchen Kampf als ranghöheres Rudelmitglied nicht nötig, zum zweiten gibt es Hunde, die sich dabei immer mehr in Kampfstimmung steigern. Gibt der Vierbeiner nicht freiwillig ab, greifen Sie über den Fang in die Lücke hinter den Fangzähnen. Er wird automatisch das Maul öffnen, sie sagen im gleichen Augenblick »Aus!«, nehmen das Spielzeug ab und spielen **sofort** weiter.

Klappt das, auch in ablenkungsreicher Umgebung, gehen Sie einen Schritt weiter und fordern jetzt et-

was mehr Gehorsam. Sie lassen den Hund sitzen, stellen sich vor ihn mit Handzeichen »Sitz!« und werfen den Gegenstand nur ein kleines Stück hinter sich, haben den Hund dabei aber gut im Auge. Erst wenn die Beute liegt, kommt das Kommando »Apport!« und er darf es holen um es wieder abzugeben. Bleibt er ruhig sitzen, wird er neben Sie bei Fuß gesetzt und die Beute wird vorwärts weggeworfen. Langsam steigern! Machen Sie diese Gehorsamsübung anfangs nicht zu oft, damit er nicht den Spaß am Apportieren verliert. Hat es einige Male geklappt, darf er wieder ein paar Mal ohne zu sitzen spielerisch apportieren. Bald wird der Hund akzeptiert haben, dass das Sitzenbleiben zum Spiel gehört.

Erst auf das Kommando hin darf der Hund loslaufen und den Apportiergegenstand holen.

Dieses diszipliniertе Apportieren, bei dem der Hund nur auf Kommando Dinge verfolgen und holen darf, fördert auch die Lenkbarkeit in Umweltsituationen, die zum Nachjagen reizen. Zudem ist es bei einem Hund, der eine hohe Bereitschaft zum Hetzen und Beutemachen zeigt, empfehlenswert, wenn Sie bei Spaziergängen immer eine Ersatzbeute, ein Spielzeug, dabei haben und den Hund gelegentlich apportieren lassen. So wird er jagdliche Unternehmungen von Ihnen erwarten und sich weniger auf potenzielle Beute in der Umgebung konzentrieren. Auch in Momenten, in denen ein Ausbrechen zu erwarten ist, können Sie so immer Ihre Beute herauszaubern und den Vierbeiner wieder auf sich fixieren.

Beginnen Sie mit einem erwachsenen Hund zu apportieren, der nicht gerne abgibt, ist der Beutetausch, gegebenenfalls mit einer besonders guten Beute (Wurst oder Käse), die beste Methode. Zeigt ein Hund bei solchen Spielen Ihnen gegenüber Aggression, nehmen Sie bitte unbedingt die Hilfe eines guten Trainers in Anspruch. Selbst wenn Ihre Kinder keine Apportierspiele mit diesem Hund machen, kann es immer eine Situation geben, in der eine

Langsam werden die Übungen aufeinander aufgebaut, ohne den Hund zu überfordern. Ziel ist, dass der Hund sitzen bleibt, wenn das Spielzeug geworfen wird, und es erst auf das Zeichen hin apportiert.

Beute, die der Hund für sich beansprucht, zum Auslöser von aggressivem Verhalten wird.

Übrigens: Es gibt nichts, was Ihrem Hund gehört! Es gibt Dinge, die er benutzen, mit denen er spielen darf. Machen Sie Ihrem Freund vom Welpenalter an klar, dass Sie jederzeit Anspruch auf jeden Gegenstand in seiner Umgebung haben! Ich kenne Hunde, auch solche, die eigentlich sehr friedfertigen Rassen angehören, die es nicht einmal dulden, dass ihre Menschen an ihnen vorbeigehen, wenn sie die gestohlenen Socken um sich geschart haben! Denken Sie noch einmal an den ranghohen Hund, der eine Beute mitten in den Weg legt, nur um zu demonstrieren, dass sie ihm gehört und niemand daran darf!

Es wäre absolut übertrieben und kontraproduktiv, einen Hund nun ständig durch das Abnehmen von Spielzeug oder gar Futter zu ärgern! Wenn Sie aber einen Gegenstand oder auch etwas Fressbares von ihm haben wollen, dann bitte souverän und konsequent! Und noch einmal: Zeigt der Hund beutebedingte Aggression, holen Sie sich bitte umgehend fachkompetente Hilfe!

Hilfsmittel für die Erziehung

Leine und Halsband

Grundsätzlich zu empfehlen ist die Verwendung von Leder- oder Nylonhalsbändern. Insbesondere beim Welpen sollten Sie darauf achten, dass diese weich und flexibel sind. Das Halsband sollte keinesfalls eine Würgefunktion haben!

Praktisch ist eine Leine, die in der Länge verstellbar ist und an jedem Ende einen Haken besitzt. Solche Leinen lassen sich meist auch umhängen, wodurch man wieder beide Hände frei hat. Achten Sie darauf, dass das Material der Leine nicht zu starr ist, weil sie dann unhandlich wäre.

Die lange Leine

Der kleine Welpe hat ein natürliches Folgebedürfnis und wird alles

Gewöhnen wir den Welpen mit positiver Verstärkung an Halsband und Leine, wird er sie schnell als normal und positiv empfinden. (Foto: Mischling)

daransetzen, seinen Menschen nicht zu verlieren. Mit wachsendem Vertrauen in seine Fähigkeiten wächst auch das Bedürfnis, mal auszutesten, ob er seinen Weg auch alleine bestimmen kann. Genau hier beginnt die Arbeit mit der langen Leine. Zeigen Sie dem kleinen Freund – oder auch dem erwachsenen Hund, den Sie übernommen haben –, dass es nur eine Möglichkeit gibt, auf Ihr Rufen zu reagieren: zu kommen!

Besorgen Sie sich im Fachhandel eine Schleppleine oder im Baumarkt eine möglichst dünne, aber reißfeste Kordel und einen Karabinerhaken. Eine Länge von 10 Metern reicht meist aus.

Beginnen Sie das Training, indem Sie den Hund grundsätzlich an der langen Leine halten. Erreicht er das Leinenende, rufen Sie ihn zurück und belohnen sofort (maximal 2 Sekunden!) freudig! Kommt er beim ersten Rufen nicht, holen Sie ihn mit Hilfe der Leine heran und belohnen auch freudig!!! Es geht darum, dass er verknüpft: Kommen ist gut!

Also wird immer belohnt, wenn er kommt!

Sobald der Hund regelmäßig und zügig auf den ersten Ruf kommt, lassen Sie die Leine einfach auf dem Boden schleifen. Immer, wenn das Ende noch in Reichweite ist, um notfalls mit einem eleganten Satz darauf zu stehen, rufen Sie den Vierbeiner und verfahren wie oben beschrieben.

Die sinnvollste Methode, die Leine wieder langsam abzubauen ist, sie schlicht Stück für Stück abzuschneiden, wenn der Hund wieder zuverlässig zurückkommt. Lassen Sie sie einfach von heute auf morgen weg, oder lassen ihn gar zwischendurch mal testweise ohne Leine laufen, wird Ihr Freund sehr schnell begriffen haben, wann die Leine dran ist und wann nicht. Also bauen Sie das Hilfsmittel lieber langsam und unmerklich wieder ab!

Das Kopfhalfter

Ein amerikanischer Verhaltensforscher entwickelte dieses Hilfsmittel, welches sich hervorragend dazu eignet, das Verhalten des Hundes bei mangelhafter Leinenführigkeit auf sanfte Weise zu korrigieren. Der Hund wird am Kopf gehalten, wodurch die Kraft, die er uns entgegensetzen kann, ohnehin schon reduziert ist. Beginnt er zu ziehen, sich also schneller vorwärts zu bewegen, als wir das tun, kann er zwar seinen Körper vorwärts bewegen, sein Kopf aber wird zurückgehalten und neigt sich automatisch

Brav lässt sich die Labrador-Hündin das Kopfhalfter anlegen. Sie verbindet dieses Hilfsmittel nur mit schönen Dingen: mit Leckerchen und mit Spaziergängen.

zum Hundeführer. Der Hund ist dadurch fast gezwungen, wieder Blickkontakt zu seinem Menschen aufzunehmen und ist so auch wieder leichter beeinflussbar. Zudem entsteht ein gewisser Druck durch das Band, welches den Fang umfasst. Dies symbolisiert ansatzweise den Schnauzengriff des ranghöheren Hundes. Ein Grund mehr für den Vierbeiner, sich dem Vorhaben dessen, der das andere Leinenende hält, anzuschließen.

Hunde, die Probleme bei der Begegnung mit Artgenossen haben, sind so in der Öffentlichkeit leichter unter Kontrolle zu halten. Der ängstliche Hund gewinnt häufig durch das so genannte Halti mehr Sicherheit.

Dieses Hilfsmittel ist unbedingt zu empfehlen, wenn ein Hund von einem Kind geführt werden soll. Dem Kind wird die Sache nicht nur dadurch erleichtert, dass das Kräfteverhältnis sich relativiert, der Hund wird auch eher geneigt sein, es in dem Moment als Autorität zu akzeptieren.

Die Pfeife

Es gibt Situationen, in denen unsere Stimme jämmerlich versagt! Der Wind steht gegen uns, ein Traktor fährt übers Feld oder ein Hubschrauber kreist in unserer Nähe, und die Chance, dass unser Rufen beim Vierbeiner ankommt, ist gering. Mit Pfeife wär' das nicht passiert! Mit ihrer Hilfe können wir auch bei lautem Umfeld oder auf

größere Entfernung noch Empfang haben, was ganz sicher der Sicherheit unseres Hundes dient.

Benutzen Sie am besten eine Pfeife, deren Töne Sie hören. Nur so können Sie sicherstellen, dass Sie auch immer die gleichen Signale pfeifen! Gut geeignet sind zweiseitige Horn- oder Kunststoffpfeifen, die auf einer Seite den Triller und auf der anderen Seite den Pfiff haben.

Die Pfeifensignale, auf die der Hund hören soll, müssen ebenso erlernt werden, wie die verbalen Hör- und die Sichtzeichen. Wollen Sie mehreren Kommandos auch Pfeifensignale zuordnen, so ist es wichtig, dass diese sich klar voneinander unterscheiden. Beispielsweise kann man einen langen Ton zum Herankommen benutzen, zwei betont kurze Pfiffe zum Sitzen und den Triller fürs Platz.

Erarbeiten Sie die Pfeifenkommandos, indem sie zunächst das verbale Zeichen geben und möglichst schnell im Anschluss das Pfeifensignal hinzuzufügen. Nach wenigen Tagen verfahren sie umgekehrt. Belohnung nicht vergessen!

Mit Hilfe einer guten Pfeife lässt sich manche Geräuschkulisse überwinden. Der Hund muss die Pfeifensignale allerdings genauso lernen wie Sichtzeichen und verbale Hörzeichen!

Spiel und Spaß

Wenn Kinder und Hunde, insbesondere junge Hunde, eine gemeinsame Leidenschaft haben, dann ist es das Spiel! Sie spielen nicht nur für ihr Leben gern, das Spiel ist auch für ihr Leben wichtig! Beide, Menschen und Hunde, üben im Spiel Verhaltensweisen aus allen Lebensbereichen, trainieren Geschicklichkeit, Konzentrations- und Koordinationsfähigkeit, Reaktionsvermögen oder schlicht die Motorik, erkunden ihre Umwelt mit allen Sinnen. Manche Hunde spielen nur in ihrer Jugendphase gern, andere sind fast das ganze Leben lang immer zu einem munteren Spiel aufgelegt. Sicher eignet sich der eher spielfreudige Vierbeiner besonders für eine Familie mit Kindern.

Beobachtet man Hunde untereinander beim Spiel, findet man Ausdrucksformen aus allen Bereichen des Lebens oft wild miteinander vermischt. Sie hetzen und fangen sich gegenseitig, wenden Schnauzgriffe an, stellen sich spielerisch drohend über den Spielpartner, unterwerfen sich, zeigen Elemente aus dem Werbe- und Paarungsverhalten und dies alles meist in übertriebener Form. Wer sich ein wenig mit den Ausdrucksformen des Hundes beschäftigt hat, wird in dem wilden Treiben gerade durch diese Übertreibung in allen Handlungen, in übermütigem Springen, Knurren, Bellen, sehr schnell das Spiel erkennen, in dem sich Ausgelassenheit und Lebensfreude widerspiegelt.

Viele Menschen verbieten ihren Hunden, mit anderen Hunden zu spielen, weil sie diese Verhaltensformen nicht einordnen können, Angst um ihren vierbeinigen Freund haben. Das ist nicht nur eine Katastrophe für den Hund, weil er dadurch, wie Frau Dr. Feddersen-Petersen es ausdrückt, zum sozialen Krüppel wird, es ist auch schade für

Mit Halti ist der Hund für das Kind auch vom Fahrrad aus leicht zu kontrollieren.

Agility ist eine schöne Beschäftigung für gut erzogene Hunde.

Es ist ein wunderschönes Erlebnis für Kinder, mit ihren Hunden die Welt zu erforschen!

ernster Ton hineinkommt, dass es eine kleine Auseinandersetzung gibt. Aber genau um diese Auseinandersetzung nach allen Regeln der hundlichen Kommunikation austragen zu können, braucht unser vierbeiniger Freund ja das Spiel als Training. Im Übrigen führt auch bei unseren Kindern nicht selten ausgelassenes Spiel zum Streit. Aber lassen wir sie deshalb nicht mehr spielen? Auch sie müssen Auseinandersetzung und Streitkultur trainieren, müssen lernen Rechte anderer zu akzeptieren und gleichzeitig die eigenen in angemessener Form zu wahren.

Natürlich haben Menschen und Hunde unterschiedliche Formen des Spiels, was aber nicht heißt, dass sich daraus nicht viel Gemeinsames ergeben kann. Es liegt auf der Hand, dass unseren Hunden die kognitiven Fähigkeiten fehlen, um fiktives Spiel der Kinder nachvollziehen zu können. Trotzdem können sie sie in ihre Traumwelt begleiten, indem sie einfach dabei sind, indem sie neben dem Puppenwagen mitlaufen, zwischen den Puppen sitzen, die gerade Schulunterricht haben, oder einfach nur daneben liegen, wenn aus Legosteinen Captain Kirks Weltraumszenario gebaut wird. Hunde haben Zeit, sie schauen nicht auf die Uhr, können wie das Kind einfach die Zeit verstreichen lassen. Allein durch ihre Anwesenheit strahlen sie Nähe und Geborgenheit aus. Sie stellen auch keine dummen Fragen, die verraten, dass

diese Menschen, dass sie sich nicht an dem wunderschönen Anblick spielender Hunde, an der Lebensfreude, die ihre Weggefährten dabei haben, erfreuen können! Natürlich kann es gelegentlich passieren, dass in das wilde Spiel auch mal ein

sie wieder einmal nicht zugehört haben und ja eigentlich gar keine Lust haben, mit dem Kind zu spielen. Indem sie das Kind auch im Spiel begleiten, geben sie ihm das Gefühl wichtig zu sein und verstanden zu werden, auch in seinen Phantasien und Träumen.

Gerade im Spiel kann das Kind aber auch lernen, dass der Hund als eigenständiges Individuum mit eigenen Bedürfnissen anerkannt werden muss. Das Kind muss z. B. wissen und akzeptieren, dass der schlafende Hund immer tabu ist, auch wenn er gerade so schön ins Rollenspiel passen würde. Es muss einsehen, dass der Vierbeiner nach der anstrengenden Fahrradtour nicht mehr unbedingt zu wilden Apportierspielen aufgelegt ist. Es lernt dabei, sich selber zurückzunehmen und auch einmal die Bedürfnisse anderer in den Vordergrund zu stellen.

Nur der Hund, der sich freiwillig dem Kind anschließt, der sich ihm auch bereitwillig unterordnet, kann in das Spiel integriert werden! Ihn zu irgendetwas zu zwingen könnte fatale Folgen haben! Beachten Sie bitte in diesem Zusammenhang auch noch einmal das Kapitel »Besuch von fremden Kindern« (S. 52). Sicher haben ihre Kinder viel Phantasie um eigene Spiele mit dem Hund zu entwickeln. Die Anregungen, die folgen, können die gemeinsame Freizeit aber vielleicht noch ein wenig bereichern. Ältere Kinder können vieles sicher allein

mit dem Hund erarbeiten. Beim jüngeren Kind ist es selbstverständlich der Erwachsene, der mit dem Hund trainiert und das Kind später anleitet, damit der Hund auch bei ihm Kunststückchen macht, Gegenstände apportiert usw.

Apportierspiele

Es ist wohl das beliebteste Spiel zwischen Mensch und Hund, dass der Mensch etwas fortwirft, was der Hund zurückbringt. Wie wir dieses

Korrektes Apportieren macht Spaß! Beiden! (Foto: Labrador Retriever)

Apportieren üben können, damit es für alle Beteiligten als Spaß empfunden wird, wurde ja bereits geschildert. Mit dem Hund, der gerne Beute sucht und bringt, kann man eine Vielzahl von Beutespielen erarbeiten, die ihn geistig auslasten. Für die folgenden Apportiervorschläge ist es sinnvoll, dass der Vierbeiner die Lektion zum Thema Apportieren, die im Kapitel über Erziehung beschrieben ist, schon beherrscht.

Gegenstände suchen

Bälle, Quietschtiere oder was auch immer, kann man nicht nur im Freien suchen lassen, sondern der Vierbeiner kann auch mal in der Wohnung ein wenig »arbeiten«. Es ist sogar hilfreich, im Haus mit der »Verlorensuche« zu beginnen, da der Hund sich hier in einem überschaubareren Territorium bewegt und der Mensch so schneller regulierend eingreifen kann.

Viele Hunde haben einen Gegenstand, den sie besonders gerne mit sich herumschleppen, und genau den nehmen wir am Anfang, damit die Motivation zu suchen möglichst hoch ist. Der Hund wird hingesetzt, wir zeigen ihm das Spielzeug und machen es noch einmal interessant. Während er artig sitzen bleibt, gehen wir ins Nebenzimmer und legen den Gegenstand dort irgendwo hin, zunächst so, dass die Suche schell von Erfolg gekrönt ist. Wir gehen zurück zum

> **Es ist wenig zweckmäßig, mit einem Hund, der gar nicht an Beutespielen interessiert ist, unbedingt apportieren zu wollen! Es gibt sicher andere Spiele, die ihm und seinem Menschen Spaß machen – und darum geht es doch!**

Hund, loben ihn, dass er noch brav sitzt und schicken ihn dann mit dem Wort »Such!« los. Findet und bringt er den Gegenstand, wird er ganz doll gelobt! Zur Belohnung wird das Spiel gleich wiederholt! Findet er nicht, helfen wir ein wenig und loben dann trotzdem!

Klappt es im Haus, verlagern wir das Ganze nach draußen, wo die Ablenkung größer ist. Langsam kann man die Anforderungen steigern, bis man schließlich z. B. 10 Bälle auf einer großen Wiese verteilt, die der Hund dann fein der Reihe nach bringt.

Gegenstände benennen

Man kann ziemlich Eindruck schinden bei den Spielkameraden, wenn der Vierbeiner in der Lage ist, das Schaf vom Teddy oder den Schlüssel vom Gummiring zu unterscheiden. Es gibt Hunde, die sogar bis zu 50 Gegenstände auf Kommando holen können.

Wie bei allen Übungen wird natürlich auch hier konsequent Schritt für Schritt vorgegangen. Überfordert man den Hund, haben alle Beteiligten Misserfolg und dann macht das Ganze keinen Spaß mehr! Also lassen wir unseren Freund zunächst nur einen Gegenstand holen, den wir entsprechend benennen, z. B. »Hol' den Teddy!«. Wir ersetzen den Gegenstand nach einigen Tagen durch einen anderen und fordern: »Hol' das Schaf!«.

Im nächsten Schritt könnte man Teddy und Schaf weit auseinander

legen und den Hund mit dem richtigen Kommando in die richtige Richtung schicken. Langsam wird die Distanz der Gegenstände verkürzt. Klappt es, kann ein weiteres Objekt hinzugenommen werden usw. Klappt es nicht, gehen wir immer wieder einen Schritt zurück, um das Gelernte zu festigen. Ab 10 Spielzeugen kommen Sie der Eignung für den Zirkus schon sehr nahe!

In verschiedene Richtungen schicken

Das ruhige Sitzenbleiben bis das Signal zum Apportieren kommt, ist hier Voraussetzung! Der Hund wird zunächst geradeaus von uns weggeschickt, um die Beute zu holen. Damit er auch wirklich geradeaus läuft, suchen wir uns eine Hilfslinie, beispielsweise eine Mauer, einen Zaun, den Wegrand. Wir legen einen Gegenstand auf dieser Linie ab, gehen mit dem Hund ein Stück weg, drehen uns um und lassen den Hund mit Blickrichtung auf die Beute neben uns sitzen. Nun stellen wir uns neben ihn, auch mit derselben Blickrichtung. Auch unsere Körperhaltung ist auf das Ziel ausgerichtet. Der Arm, der dem Hund zugewandt ist, zeigt nun genau zum zu apportierenden Gegenstand, dem Apportel, aber so, dass der Hund dieses Sichtzeichen auch zur Kenntnis nehmen kann, also am Besten direkt neben seinem Kopf. Mit dem Hörzeichen »Voran, Apport!« schicken wir den Hund vorwärts.

Verfügt man über lange gerade Wege in der Umgebung, kann dieses Voranschicken eventuell bis auf mehrere hundert Meter ausgedehnt werden! Aber langsam! Das Wort »Voran!« wird nur benutzt, wenn auch wirklich vorwärts geradeaus gemeint ist! Macht der Weg eine Biegung, ist »Voran« geradeaus und nicht dem Wegverlauf nach um die Kurve!

Eine Steigerung wäre, in 2 Richtungen etwas auszulegen und den Vierbeiner dann nacheinander in beide Richtungen zu schicken, oder Gegenstände im Kreis um sich herum zu verteilen und ihn nacheinander alle Teile gezielt holen zu lassen.

Mit eindeutiger Körperhaltung, klarem Handzeichen und dem Hörzeichen »Voran!« wird der Hund geradeaus zum Dummy geschickt. Später kann er auch zu Gegenständen geschickt werden, die, ohne dass er es sah, abgelegt wurden.

Die Körpersprache des Kindes ist eindeutig. Mit »Apport!« wird der Labrador rechts zum Dummy geschickt.

Das Erarbeiten vieler Übungen braucht Zeit! Setzt man zu viel Ehrgeiz hinein, erwartet man zu viel vom Vierbeiner und übt immer, bis er k.o. ist, wird der Hund und damit auch der Mensch den Spaß daran verlieren.

Auch nach rechts und links kann der Hund geschickt werden. Wir denken uns eine Linie, auf die wir den Hund setzen. Anfangs legen wir nur ein Apportel wenige Meter entfernt seitlich von ihm hin. Wir stellen uns vor den Hund und schicken ihn mit ganz klarer Arm- und Körperbewegung in die Richtung, in der das Apportel liegt.

Klappt das, legen wir auf beide Seiten etwas und schicken mal nach rechts, mal nach links. Die Distanz zum Hund kann dabei auch erweitert werden.

Verstecken spielen

Der Erwachsene lässt den Hund sitzen, während sich das Kind außerhalb der Sichtweite des Hundes entfernt und sich versteckt. Hat es das Versteck erreicht, wird der Hund anfangs einmal gerufen, damit er weiß, was hier überhaupt gespielt wird. Der Vierbeiner darf daraufhin aufstehen und bekommt die Anweisung, das Kind zu suchen. Ein Leckerchen in der Hand des Kindes, welches das Finden belohnt, erhöht die Motivation ungemein. Besonders jüngeren Kindern macht dieses Spiel Spaß.

Kleine Kunststücke

Kinder sind oft wahre Meister im geduldigen Üben mit dem Vierbeiner,

und es macht ja auch Spaß, wenn dieser Dinge kann, die eben nicht jeder Hund kann. Das Prinzip, wie wir ihm die kleinen Zirkusnummern vermitteln, ist wieder dasselbe, wie bei der Erarbeitung der Grundkommandos. Mit Hilfe von Leckerchen oder Spielzeug motivieren wir den Hund das zu tun, was wir ihm beibringen wollen, und sagen genau in dem Augenblick, in dem er das gewünschte Verhalten zeigt, unser Hörzeichen dazu.

Tanzen

Der Hund steht vor uns. Wir halten ihm ein Leckerchen vor die Nase und führen dies im großen Kreis um ihn herum, sodass er sich, das Leckerchen verfolgend, auch einmal ganz herum dreht. Während er sich dreht hört er das Hörzeichen »Tanzen!« oder was Sie dazu sagen möchten.

Sich verbeugen

Der Hund steht. Wir nehmen ein Bröckchen in die Hand und zwar so, dass er es nicht gleich herausnehmen kann, und legen die Hand vor dem Hund auf den Boden. Die meisten Hunde senken nun den ganzen Vorderkörper nach vorn, ähnlich wie bei einer Spielaufforderung. In dem Moment kommt das Hörzeichen »Verbeugen!« und das Bröckchen wird freigegeben. Manchmal muss man hier ein wenig ausprobieren, wie man den Vierbeiner am besten in diese Position bekommt. Man könnte z.B.,

ähnlich wie beim »Platz!«, das ausgestreckte Bein zu Hilfe nehmen.

Durch den Reifen springen

Vor den sitzenden oder stehenden Hund halten wir beispielsweise einen Hula-Hoop-Reifen. Die Belohnung halten wir auf die andere Seite des Reifens, sodass der Hund durch diesen hindurch muss, um sie zu ergattern. In dem Moment, in dem er springt, kommt das Hörzeichen »Hopp!« oder Ähnliches.

Langsam kann man die Übung steigern, indem man den Reifen höher hält, ihn langsam rollen lässt oder 2 Reifen nebeneinander hält.

Vorsicht! Nur der Hund mit gesunden Bändern, Sehnen und Gelenken darf zum Springen animiert werden! Auch beim Welpen und Junghund halten wir den Reifen nur wenig über dem Boden, um den noch unfertigen Bewegungsapparat nicht zu sehr zu belasten!

Über Stangen springen

Ebenso wie durch den Reifen kann unser Akrobat auch lernen wie ein Pferd über Stangen zu springen. Hierzu können einfach Holz- oder Plastikstäbe auf Blumentöpfe, Eimer oder Stühle gelegt werden, je nach Größe des Hundes.

Wippe

Legt man ein Brett über ein Stück Rohr, entsteht eine Wippe, über die der Hund laufen kann. 2 kleine Holzleisten sollten so auf die Unterseite des Brettes genagelt werden, dass es nicht abrutschen kann. Indem eine Belohnung langsam über das Brett gezogen oder einige Zentimeter über das Brett gehalten wird, kann der Hund motiviert werden, über die Wippe zu balancieren. Wichtig ist, darauf zu achten, dass das ganz langsam geschieht, damit er sich nicht erschreckt und hinunter springt, wenn die Wippe kippt.

Ein so aufwändiges Gestell ist gar nicht nötig, um den Hund durch den Reifen springen zu lassen. Ein Hula-Hoop-Reifen tut es auch! (Foto: Briard)

Ganz langsam wird die Australian-Shepherd-Hündin über den Mittelpunkt der Wippe geführt.

Tunnel

Ob man einen für Kinder käuflich zu erwerbenden Kriechtunnel nimmt oder mit Hilfe von Decken und Stühlen einen selbst baut, ist völlig egal. So, dass der Hund es sieht, wird ein Leckerchen möglichst weit hineingeworfen. Verfolgt es der Hund, läuft oder kriecht so mit also durch den Tunnel, kommt das Hörzeichen »Durch!«, »Tunnel!« oder Ähnliches.

Scheut er sich, in den Tunnel hineinzugehen, muss das Bröckchen zunächst ganz am Anfang liegen. Das Vertrauen wird ganz langsam aufgebaut, indem der Vierbeiner immer ein Stückchen weiter hineingelockt wird. Vielleicht hilft es auch, wenn das Kind vorauskrabbelt oder auf der anderen Tunnelseite ein Stückchen hineinkrabbelt und den Hund lockt.

Ball rollen

Um zu erreichen, dass der Hund einen Ball nicht packen will, sondern ihn mit der Nase anstupst damit er rollt, legen wir so, dass der Hund es sieht, ein Bröckchen unter den Ball. Um es zu erreichen, wird Freund Hund den Ball anstupsen. Das ist der Moment für Ihr Hörzeichen, welches auch immer Sie geben wollen. Manche Hunde entwickeln so geniale Fähigkeiten, dass sie regelrecht mit den Kindern Fußball spielen können.

Slalom

Mit Sand oder Wasser gefüllte Plastikflaschen werden in gerader Linie auf die Erde gestellt oder auch Holzstäbe in den Boden gesteckt. Dann gehen wir mit dem Hund bei Fuß gerade auf die Slalomstrecke zu und führen ihn mit Hilfe von Bröckchen im Slalom um die Hindernisse herum. Die Bröckchen haltende Hand wird dazu mit ruhiger und klarer Handbewegung, die den Slalomverlauf beschreibt, vor dem Hund hergeführt.

Hier lauert Gefahr

Es gibt Spiele, die geeignet sind, und solche, die unbedingt vermieden werden sollten, weil sie Gefahren bergen. Denken wir noch einmal an das Jagdverhalten, so verbietet es sich von selbst, Rennspiele mit dem Hund zu machen. Der Hund, der das Kind fangen soll,

Von Kindern hoch gehaltene Stöcke animieren viele Hund, diese Beute zu fangen. Leicht kann da auch mal der Finger dazwischen sein, wenn der Hund nach dem Stock greift, oder das Kind beim Anspringen umfallen!

kann das selbstverständlich nur mit den Zähnen tun. Selbst der gehemmte Biss kann blaue Flecken verursachen, die dem Vertrauensverhältnis nicht gerade dienlich sind. Der übermütig festhaltende Hund – und er kann ja, in Ermangelung von Händen, nun einmal nur mit den Zähnen festhalten – hat auch schnell mal eine Hose oder einen Pullover zerrissen. Das wäre alles lästig, aber noch harmlos. Wenn aber, angeheizt durch solches Spiel, doch einmal das Erbe des Raubtieres mit ihm durchgeht, eventuell sogar eine hohe Aggressionsbereitschaft Beute gegenüber (hier wäre das Kind die Beute!) zum Tragen kommt, kann so ein Spiel tragisch enden.

Spiele mit Beute jeglicher Art sind nur individuell einsetzbar. Sie werden vom Kind ausschließlich mit Hunden gespielt, die diesbezüglich nicht die geringste Aggressionsbereitschaft zeigen!

Immer wieder wird mir erzählt, dass die Kinder es lieben, Zerrspiele mit dem Hund zu machen. Dieses Kämpfen um Tücher, Stöcke oder Seile kann manchen Hund ziemlich aufheizen und schwer kontrollierbar werden lassen. Zudem werden die meisten Hunde dabei häufig feststellen können, dass das Kind die Beute oft verloren geben muss, also schwächer ist als sie. Kann, wer so schwach ist, in der Rangordnung über dem Hund stehen?

Kinder liegen gerne auf dem Boden. Dieses Verhalten könnte beim Hund fälschlicherweise den Eindruck erwecken, dass sich das Kind kleiner macht als er, sich ihm also unterwerfen will. Beim nicht gut auf den Menschen sozialisierten Hund haben wir hier zudem wieder die Gefahr, dass das Kind als potenzielle Beute angesehen wird, die dadurch dass sie auf dem Boden liegt, Schwäche zeigt. Diese Situation könnte also eventuell einen Angriff provozieren. Achten Sie darauf, dass sich Ihre Kinder beim Spiel mit dem Hund möglichst nicht in diese Position begeben.

Es ist unbedingt erforderlich, dass Sie den Kindern genau erklären, warum manche Spiele nicht geeignet sind und ihnen eventuell andere Beschäftigungen mit dem Hund vorschlagen. Bloßes Verbieten reicht nicht, denn wir wollen doch, dass unsere Kinder den Hund auch verstehen und Spaß mit ihm haben können!

Zerrspiele sind für Kinder verboten! Selbst Jugendliche und Erwachsene können die Kraft und Energie, die mancher Hund dabei entwickelt, oft nicht unter Kontrolle bekommen. Zu leicht würde der Hund immer wieder die Erfahrung machen, dass das Kind schwächer ist als er!

Gedanken zum Schluss

Erlauben Sie mir zum Schluss ein paar persönliche Gedanken:

Hunde spielten in meinem Leben immer eine besondere Rolle! Es gibt so vieles, was ich direkt oder indirekt durch den Umgang mit ihnen lernen durfte.

Meine Kinder, 4 sehr unterschiedliche Persönlichkeiten, haben jedes für sich ein ganz individuelles Verhältnis zum Hund. Als Kleinkind imitierten alle erst die Laute der Hunde, bevor sie sich um die Sprache der Menschen bemühten. Sie lagen bei den Hunden im Korb, saßen gemeinsam mit ihnen im Sandkasten, setzten sie in den Puppenwagen und probierten gelegentlich Hundefutter. Lisa und Conny lieben die Fahrradtouren zum Bach, von denen Kinder und Hunde dann gleichermaßen schmutzig zurückkommen. Fühlen sie sich einsam, nehmen sie schlicht eine unserer Hündinnen mit in ihr Zimmer, denn die haben immer Zeit und erwidern gern jede Zuwendung. Alle genießen es, wenn Welpen kommen: Bangen und Freude bei den Geburten, die fast magische Faszination, die von den rasant wachsenden Hundebabys ausgeht.

Für meine Kinder ist der Umgang mit Hunden etwas völlig Normales und Selbstverständliches. Sie haben von klein auf gelernt, das Verhalten von Hunden zu beobachten, richtig einzuordnen und sicher mit ihnen

Zwei, die sich verstehen!
(Foto: Sloughi)

Gemeinsam gehen sie den Geschäften des Alltags nach. Das festigt die Freundschaft!

umzugehen. Sie wissen, wo besonders im Umgang mit fremden Hunden Probleme auftreten könnten und wie man diesen aus dem Wege geht. Ihre Beziehung zum Tier ist so, wie ich sie mir auch für andere Kinder wünschen würde. Sie sehen die Hunde als das, was sie sind, nämlich Hunde, auch wenn es natürlich eine besondere emotionale Bindung zu ihnen gibt. Sie akzeptieren sie als eigenständige Individuen mit individuellen Eigenschaften, Bedürfnissen und Fähigkeiten. Das Wissen um den Hund, die Akzeptanz seiner Persönlichkeit und die Liebe zu diesem Tier ermöglichen ihnen ein Miteinander, welches für alle Beteiligten positiv ist.

Vielleicht ist es mir mit diesem Buch gelungen, auch Ihnen und Ihren Kindern dieses unbekannte Wesen Hund ein wenig näher zu bringen, damit Sie es besser verstehen und das Zusammenleben mit diesen Tieren ebenso genießen können, wie wir das tun.

Das Zusammenleben mit dem Hund gibt uns die Chance, über das Verständnis einer Kreatur, die eine lange Evolution hinter sich hat, auch etwas über uns selbst zu lernen. Schließlich hat der Mensch eine lange Zeit seiner eigenen Geschichte mit den Hunden gemeinsam verbracht und von seinen Fähigkeiten profitiert. Anstatt zu versuchen, den kindersicheren Hund durch Gesetze herbeizuverordnen – denn im Umgang mit Lebewesen gibt es keine Vollkaskoversicherung – sollten wir uns lieber bemühen, ihn zu verstehen und artgerecht mit ihm umzugehen.

Register

Abgeben von Beute 55
Ablegen 73
Ablenkung 70
Aggressionsbereitschaft 15, 37, 50, 57, 89
Aggressionsverhalten 20, 23, 24, 26, 32, 45, 46, 55, 56, 57, 76, 77
aktive Unterwerfung 24, 25
Angriff 89
Angst 42, 52, 54–57, 67, 68, 79
Anschaffung 10, 13
Anspringen 24
Apport! 75
Apportieren 74, 75, 76, 84, 85
Apportierspiel 76, 83
Auf-den-Boden-Drücken 68
Aufreiten 26, 39
Aus! 75
Ausdrucksverhalten 21–27, 32, 42, 81
Auseinandersetzung 82
Autorität 79

Baby 22, 33, 34, 35, 40, 45, 46, 47, 49
Bedrohung 16, 33, 54, 56
Bedürfnis des Hundes 10, 69, 78, 83
Beißerei 57
Beißhemmung 23
Beißunfall 37
Bellen 28, 81
Belohnung 55, 64, 65, 66, 71, 79, 84
Beschäftigung 74
Beschwichtigungs-geste 26
Bett 38
Beute 16, 17, 18, 48, 50, 51, 52, 54, 55, 74–77, 84, 85, 89

Beuteaggression 41
Beutefangverhalten 18
Beutespiel 84
Beutetausch 55, 76
Bindung 16, 63, 66
Blickkontakt 24, 31

Demutsgeste 27, 31
Domestikation 16
Dominanz 39, 42
Dominanzgeste 33, 39
Drohgeste 23, 42, 52, 55
Drohlaut 35
Drohverhalten 23, 32, 48
Duftdüse 29
Duftmarke 29

Eigenschaft des Hundes 10, 14, 25, 53
Entwicklung 13, 43
Erfahrung 22
Erfolgserlebnis 66
Ersatzbeute 18, 19, 52, 74, 76
erwachsener Hund 63
Erziehung 37, 43, 61

Fahrradfahrer 18, 51, 73
Fahrradtour 83
Fährte 28, 29
Federballspiel 54
Fixieren 52
Flucht 50, 51, 54
Fluchtverhalten 56
Folgebedürfnis 77
Frei! 72
Freiheit 70
fremde Kinder 52, 53, 54
Fressen 38, 69
Frusterlebnis 63
Fuß! 71
Fußball spielen 88
Futter 18, 19, 20, 36, 38, 41, 65, 77
Futterbelohnung 72
Füttern 71

Gefahr 7, 28, 35, 45, 46, 52, 55, 58, 59, 88
Geheul 28
Gehirnwachstum 61
Gehör 17
Gleichrangige 36
Gemeinschaft 14, 17, 19, 20, 21, 61
Geruchssinn 17, 21
Gestik 23, 26
Gleichberechtigung 31
Grenze 64, 68
Grundkommando 70

Halsband 71, 77
Halti 79
Handzeichen 64, 72, 73,
Heimbezirk 69
Herankommen 65, 70, 71, 79
Herdenschutzhund 13, 53
Hörzeichen 63-66, 71–74, 79, 86
Hundeschule 42, 69
Hütehund 14

Ignorieren 32, 38
Imponieren 33
Individualdistanz 24, 55

Jagdverhalten 18, 20, 50, 51, 61, 68, 88
Jogger 18, 51, 73
Jugendlicher 36, 59
Junghund 22, 87

Kampf 58, 75
Kampfstimmung 75
Kindchenschema 34
Kindergartenkind 63
Kinderkurs 42, 59
Kinderzimmer 45, 46
Kleinkind 22, 32–36, 40, 48, 49
Knurren 23, 28, 40, 68, 81
Kommen 70, 78

Kommunikation 10, 21, 26, 27, 31, 32, 34, 69, 82
Kommunikations-system 26
Kompromiss 37
Konsequenzen 66
Konzentrationsfähig-keit 81
Koordinationsfähig-keit 81
Kopfhalfter 78
körperliche Nähe 55
Körperpflege 41
Körpersprache 21–27, 32, 58, 65, 72
Krabbelkind 34, 49
Kräfteverhältnis 79
Kunststück 41, 83, 86

Lange Leine 77, 78
Lautäußerung 21, 27
Leine 55, 56, 57, 67, 71, 72, 77, 78
Leinenführigkeit 71, 78
Leit-Wolf 19
Lenkbarkeit 76
Lob 64, 65, 71, 84

Markieren 29, 39
Menschenrudel 37, 61
Mimik 23, 25, 26, 35
Missverständnis 69
Motivation 84, 86

Nähe 55, 67, 82
Nase 28, 29
Nein! 68

Paarungsverhalten 81
passive Unterwerfung 24
Pfeife 79
Pfeifensignal 79
Platz! 73, 79
positive Verstärkung 64
Prägung 19, 55
Privileg 19, 20, 37, 46, 64
Provokation 42, 52
Pubertät 22

Ranghohes Tier 38
Rangordnung 19, 20,
22, 27, 31, 36–40, 62
Raubtier 17, 18
Rauferei 58
Reaktionsvermögen 81
Reifen 87
Rennspiel 88
Respekt 35
Revier 28, 29
Risiko 59
Rüde 39
Rudel 16, 17, 19, 20,
22, 23, 28, 37, 42,
53, 61, 67
Ruheplatz 38

Scharren 29
Schlafen 69
Schleppleine 78
Schnauzengriff 43,
79, 81
Schulkind 22, 40, 41,
43, 54, 63
Schwäche 69
Schwanzwedeln 26
Selektion, züchterische
18, 53
sensible Phase 67
Sessel 38
Sicherheit 65
Sichtzeichen 63, 64,
65, 72, 73, 74, 79, 85
Sitz! 72, 74, 75
Slalom 88
Sofa 38
Souveränität 37, 41,
67, 68
soziale Gemeinschaft
12, 31, 61
sozialer Krüppel 81
soziales Lernen 13, 25
soziales Umfeld 63
soziales Verhalten
22, 27
Sozialisation 18 , 27,
67, 89
sozialisierter Hund 34
Sozialpartner 7, 13, 22,
27, 52,

Spaß 75
Spaziergang 38, 57, 58,
59, 67, 76
Spiel 8, 28, 54, 65, 69,
71, 75, 81, 82, 83,
86, 88, 89
Spielaufforderung
25, 86
Spielgruppe 69
Spiellaune 51
Spielzeug 48, 74, 75,
76, 84, 86
Stallgeruch 67
Stimme 31, 47, 65, 68,
71, 72, 79
Strafe 64
Stubenreinheit 69
Such! 84

Tanzen 86
Temperament 67
Terrier 26, 57
Territorium 20, 53, 84
Timing 72
Toleranz 32, 38
Toleranzgrenze 52
Tragetuch 68
Trainer 76

Training 64, 65, 66,
78, 82
Triebstau 18
Tunnel 88

Überfordern 72
Umwelt 61
Umwelterfahrung 68
unerwünschtes
Verhalten 68
Unfall 7, 50, 69
Unterordnungsbereit-
schaft 63
Unterordnungsgeste 47
Unterwerfung 24,
25, 81
Unterwerfungsgesten 24

Veranlagung 43
Verantwortung 10
Verbeugen! 86
Verhalten 8, 9, 10, 14,
43, 59
Verhaltensberater 47
Verknüpfen 65
Verlorensuche 84
Vermenschlichen 31
Versicherung 58

Verstärkung, positive 64
Verstecken 86
Verteidigungsbereit-
schaft 18
Vertrauen 66, 88
Voran, Apport! 85
Voranschicken 85

Wacheigenschaft 53
Wachtrieb 53
Welpe 9, 22-25, 28, 33,
34, 35, 48, 49, 61,
63, 65, 67-71, 77, 87
Welpenspielgruppe 27
Wesen 9, 10, 42, 43, 67
Wesensmerkmal 15
Wippe 87
Wolf 8, 11-14, 16-19,
22, 23, 27, 29, 33, 61
Wolfsgeheul 27
Wuffen 28

Zerrspiel 89
Ziehen 71, 78
Zucht 15
Züchter 67
Zuchtselektion 18, 53
Zwinger 7, 20, 22

Danksagungen

Bei allen Freunden und Bekannten, die zum Gelingen dieses Buches beigetragen haben, möchte ich mich ganz herzlich bedanken, insbesondere bei den Kolleginnen Petra Krivy, Angelika Lanzerath und Perdita Lübbe-Scheuermann sowie bei allen Kindern und ihren Eltern.

Ein besonderes Dankeschön gilt natürlich meinen Kindern Lisa, Conny, Florian und Maria, die es mittlerweile souverän ertragen, wenn die Mutter schreibt.

Manuela van Schewick

Die Fotografin dankt Günter Piepenbrock aus Bielefeld mit seinen Border Collies »Aus dem Barock« sowie Andreas und Tanja Brüne, Blankenrode.

Christine Steimer

Quellen- und Literaturverzeichnis

Bergler, Prof. Dr. Reinhold:
Warum Kinder Tiere brauchen.
Freiburg: Verlag Herder, 1994

Bergler, Prof. Dr. Reinhold:
Mensch & Hund.
Köln: edition agrippina gmbH, 1986

Bloch, Günther:
Der Wolf im Hundepelz.
Berlin / Bonn: Westkreuz-Verlag, 1998

Bloch, Günther:
Der Familienbegleithund im modernen Hausstand.
Berlin / Bonn: Westkreuz-Verlag, 2001

Feddersen-Petersen, Dr. Dorit:
Hundepsychologie.
Stuttgart: Kosmos, 1986

Feddersen-Petersen, Dr. Dorit, und Ohl, Frauke:
Ausdrucksverhalten beim Hund
Jena: Gustav Fischer Verlag, 1995

Hoefs, Nicole, und Führmann, Petra:
Das Kosmos Erziehungsprogramm für Hunde.
Stuttgart: Kosmos, 1999

Leyen, Katharina von der:
Das Welpenbuch.
München: BLV Verlag, 1999

Leyen, Katharina von der:
Braver Hund.
München: BLV Verlag, 2002

Niepel, Dr. Gabriele:
Welpenspielstunde.
Cham: Müller Rüschlikon, 2001

Schewick, Manuela van:
Der richtige Hund für mein Kind
München: Augustus Verlag, 2000

Schewick, Manuela van:
Labrador Retriever
München: Augustus Verlag, 2000

Schmitz, Dr. Siegfried:
Hunderassen.
München: BLV Verlag, 2001

Trumler, Eberhard:
Mit dem Hund auf du
München: Piper-Verlag, 1996

Wegmann, Angela:
Wenn mein Hund nicht hören will.
München: BLV Verlag, 2001

Wegmann, Angela:
Freizeit-Spaß mit Hunden.
München: BLV Verlag, 2001

Zimen, Dr. Erik:
Der Hund
München: Bertelsmann-Verlag, 1988

Die Deutsche Bibliothek –
CIP-Einheitsaufnahme

Ein Titeldatensatz für diese
Publikation ist bei Der Deutschen
Bibliothek erhältlich.

BLV Verlagsgesellschaft mbH
München Wien Zürich
80797 München

© 2002
BLV Verlagsgesellschaft mbH,
München

Umschlaggestaltung: Studio Schübel
Umschlagfotos: Christine Steimer

Lektorat: Dr. Friedrich Kögel
Layout: Uhl + Massopust, Aalen
Herstellung: Angelika Tröger

Reproduktion: Uhl + Massopust,
Aalen
Druck und Bindung: Stalling,
Oldenburg
Gedruckt auf chlorfrei
gebleichtem Papier

Printed in Germany
ISBN 3-405-16395-1

Bildnachweis
Alle Abbildungen: Christine Steimer; außer S. 16: Erich Marek

Hinweis
Die Informationen, Anleitungen und Ratschläge der Autorin
entsprechen dem aktuellen wissenschaftlichen Stand und be-
ruhen zudem auf langjähriger Erfahrung in der Arbeit mit
Kindern und Hunden. Die Erklärungen zum Verhalten von
Hund und Mensch beziehen sich auf den gut sozialisierten
und physisch wie psychisch gesunden Hund. Bedenken Sie
bitte, dass Hunde, insbesondere auf Grund von Erkrankungen,
auch starke Abweichungen vom Normalverhalten zeigen
können! Eine Haftung von Verlag und Autorin für Personen-
oder Sachschäden ist ausgeschlossen.
Jeder Tierhalter sollte sich regelmäßig über neue Erkenntnisse
bezüglich der Verhaltensforschung und der Tiermedizin sowie
Änderungen in der Gesetzgebung informieren.

Der richtige Umgang mit dem Hund

Katharina von der Leyen
Braver Hund!
Hunde spielend leicht erziehen mit täglichen 10-minütigen Kurzlektionen; das Basiswissen zur Hundeerziehung.

Angela Wegmann
Freizeit-Spaß mit Hunden
Such-, Werf- und Geschicklichkeitsspiele; Begleitung beim Wandern, Joggen und Rad fahren; Wassersport, Pferdebegleitung und Wintervergnügen; Geschicklichkeits-, Zirkus- und Zaubertricks; Schlittenziehen u.v.m.

Dr. med. vet. Doris Quinten
Gesundheits-Ratgeber Hunde
Alles über Vorsorge, Ernährung, Impfungen etc.; häufige Krankheiten: Ursachen, Behandlung, Pflege, Vorbeugung, Selbstbehandlung – mit Naturheilkunde.

Siegfried Schmitz
Hunderassen
Den richtigen Hund finden – die beliebtesten Hunderassen im Porträt.

Gaby Haag
Das koche ich meinem Hund
Gesundes Hundefutter selbst zubereiten: Über 40 einfache, schnelle Rezepte als Ersatz für Fertigfutter – oder zur Ergänzung.

Katharina von der Leyen
Das Welpenbuch
Den richtigen Welpen finden, Rassen, Züchter, Auswahlkriterien; Entwicklung, Grunderziehung, Fütterung und Pflege; Welpen und Kinder, Spiele, Gesundheitsvorsorge, Impfung.

Angela Wegmann
Wenn mein Hund nicht hören will
Typische und häufige Verhaltensstörungen beim Hund erkennen und beheben: Symptomatik, Diagnose, Behandlung, Vorbeugung, Praxisbeispiele.

Im BLV Verlag finden Sie Bücher zu den Themen: Garten und Zimmerpflanzen • Natur • Heimtiere • Jagd und Angeln • Pferde und Reiten • Sport und Fitness • Wandern und Alpinismus • Essen und Trinken

Ausführliche Informationen erhalten Sie bei:

BLV Verlagsgesellschaft mbH • Postfach 40 03 20 • 80703 München
Tel. 089 / 1 27 05-0 • Fax 089 / 1 27 05-543 • http://www.blv.de